I0567778

DISCLAIMER

The author and publisher are providing this book and its contents on an "as is" basis and make no representations or warranties of any kind with respect to this book or its contents. The author and publisher disclaim all such representations and warranties, including but not limited to warranties of merchantability. In addition, the author and publisher do not represent or warrant that the information accessible via this book is accurate, complete, or current.

Except as specifically stated in this book, neither the author nor publisher, nor any authors, contributors, or other representatives will be liable for damages arising out of or in connection with the use of this book. This is a comprehensive limitation of liability that applies to all damages of any kind, including (without limitation) compensatory; direct, indirect, or consequential damages; loss of data, income, or profit; loss of or damage to property; and claims of third parties.

This Book Comes With Free Bonus Puzzles

Available Here:

BestActivityBooks.com/WSBONUS20

5 TIPS TO START!

1) HOW TO SOLVE

The Puzzles are in a Classic Format:

- Words are hidden without breaks (no spaces, dashes, ...)
- Orientation: Forward & Backward, Up & Down or in Diagonal (can be in both directions)
- Words can overlap or cross each other

2) ACTIVE LEARNING

To encourage learning actively, a space is provided next to each word to write down the translation. The **DICTIONARY** allows you to verify and expand your knowledge. You can look up and write down each translation, find the words in the Puzzle then add them to your vocabulary!

3) TAG YOUR WORDS

Have you tried using a tag system? For example, you could mark the words which have been difficult to find with a cross, the ones you loved with a star, new words with a triangle, rare words with a diamond and so on...

4) ORGANIZE YOUR LEARNING

We also offer a convenient **NOTEBOOK** at the end of this edition. Whether on vacation, travelling or at home, you can easily organize your new knowledge without needing a second notebook!

5) FINISHED?

Go to the bonus section: **MONSTER CHALLENGE** to find a free game offered at the end of this edition!

Want more fun and learning activities? It's **Fast and Simple!**
An entire Game Book Collection just **one click away!**

Find your next challenge at:

BestActivityBooks.com/MyNextWordSearch

Ready, Set... Go!

Did you know there are around 7,000 different languages in the world? Words are precious.

We love languages and have been working hard to make the highest quality books for you. Our ingredients?

A selection of indispensable learning themes, three big slices of fun, then we add a spoonful of difficult words and a pinch of rare ones. We serve them up with care and a maximum of delight so you can solve the best word games and have fun learning!

Your feedback is essential. You can be an active participant in the success of this book by leaving us a review. Tell us what you liked most in this edition!

Here is a short link which will take you to your order page.

BestBooksActivity.com/Review50

Thanks for your help and enjoy the Game!

Linguas Classics Team

1 - Antiques

```
A U O G D V V S N D I M R N Q A
M O N E R O J G W M Y E E E T Ŭ
X I U M F K L X O J D B S K L K
O R O L A V N I Z R U L T U I C
Ĵ M A L N O V A T C L O A T I I
A Ŭ T E N T A T K S G T R I L O
T K R H Z U L N J Q A N O M N T
P M V S I V G A O Y L E Z A S S
L S T A M N M G L T E C U H Z E
U J U J L Y B E E X R R U O P V
K O X M U I O L V P O A K W R N
S T J H H E T E U R L J X G E I
S U I E H P C O J L K C A T Z T
J A R D E K O J A M A N R O O P
P O X Y Z R U U T K J C W F Q P
K B G E K M C T R C E B C D K H
```

ARTO	INVESTO
AŬKCIO	JUVELOJ
AŬTENTA	MALNOVA
JARCENTO	PREZO
MONEROJ	KVALITO
JARDEKOJ	RESTARO
ORNAMAJ	SKULPTAĴO
ELEGANTA	STILO
MEBLO	NEKUTIMA
GALERO	VALORO

2 - Food #1

```
K M C V A G C D W F K Y J D W R
A H S E M U J I U B N L Z N R F
R S U L P C K O T A R A K I D O
O A K T N O L J A R H W W T P L
T L O E D R O H H M O P U S P A
O A P Q S L V D G M C N M U T S
R T V C C H G H J T A B O G J B
Z O L A K T O R I P N E F B Q F
S X F T Z V R G D W I V V A T Y
R A P O E H E L A V P P I Z F S
T M B N N X K Y R R S W H I W H
T I N U S O U S X S F J F L U U
T Y X R L U S E J X X F E O T Q
C M O I E B W C Y A N C O E N T
C I N A M O I L E S R H E W T W
I N K A B R I K O T O P D L H H
```

ABRIKOTO   ARAKIDO
HORDEO   PIRO
BAZILO   SALATO
KAROTO   SALO
CINAMO   SUPO
AJLO   SPINACO
SUKO   FRAGO
CITRONO   SUKERO
LAKTO   TINUSO
CEPO   RAPO

3 - Measurements

```
K  L  R  Q  B  W  U  U  M  O  M  A  S  O  Z  K
H  A  V  X  H  O  C  S  G  F  L  X  S  I  U  I
U  R  G  B  W  T  N  G  V  Y  D  U  Y  W  J  L
X  Ĝ  F  N  K  E  A  K  T  S  P  V  R  A  Q  O
N  O  J  D  D  D  N  P  D  U  O  G  M  N  Q  G
C  E  N  T  I  M  E  T  R  O  N  U  N  C  O  R
T  L  C  J  U  D  O  V  H  L  A  O  N  H  D  A
P  E  Z  O  R  I  N  S  K  O  R  T  E  M  A  M
P  R  T  N  D  G  F  Q  K  N  P  L  D  V  R  O
K  I  L  O  M  E  T  R  O  G  C  A  F  Y  G  X
S  C  Y  M  M  T  B  I  S  O  H  O  R  R  A  M
J  X  E  C  L  C  K  Q  E  G  L  B  L  W  S  I
F  D  Z  Y  Q  O  T  R  O  R  T  I  L  O  T  N
V  O  L  U  M  O  O  T  J  A  B  C  C  Y  O  U
Q  X  D  U  J  X  A  L  A  M  I  C  E  D  V  T
J  M  E  U  O  D  N  U  F  O  R  P  I  J  N  O
```

BAJTO	LONGO
CENTIMETRO	LITRO
DECIMALA	MASO
GRADO	METRO
PROFUNDO	MINUTO
GRAMO	UNCO
ALTO	TUNO
COLO	VOLUMO
KILOGRAMO	PEZO
KILOMETRO	LARĜO

4 - Farm #2

```
D G D I V I G H A V B W M F U W
D Y A A E Y R X T K G E A U H H
P S C J K I E A K R O D I F A Ŝ
L W G V Y C N I Y L A R Z A A S
O R W Y T Y E K O Q I C O M A L
B E S T O J J B D N E N T Y C I
Y U H D Ĝ Y O F R U K T O O B R
Q D E H N O K U L T U R O L R I
S V R K A S I D H I N E N P Q G
C Q B B M L T Z Y M H P A Z A A
U P E L L Z I J J F A T Ŝ Z C D
N I J W U U R J E Y O T K A L O
T P O G W I T U I T E R U A F S
P W V G A N A S O I B V N R Z O
S B A N S E R O J R V Q L L A S
L E G O M O D R O H O R D E O D
```

BESTOJ
HORDEO
GRENEJO
MAIZO
ANASO
KULTURO
MANĜO
FRUKTO
ANSEROJ
IRIGADO

ŜAFIDO
LAMO
HERBEJO
LAKTO
MATURA
ŜAFO
TRACTOR
LEGOMO
TRITIKO

5 - Books

```
P L L W P R U F U T I H Y V U X
U M N R U A E P O P E P P E G I
W L K B R R O M A N O S O H E L
T P G W S U R E L E V O T E B U
R A K O N T A N T O U T K T M F
R M T T P A B I R K S Y E I G O
A G T A I R O T S I H Q L U Q Z
L V X N Z E Y U O P C K O Z E R
S F E T Q T R I T L J J K W I P
F I J N F I I E S H U M U R A T
I K Y T T L K U N T E K S T O R
P L E G C U L E G A N T O X V A
K A N U M U R I N V E N T A T G
P T Ĝ R C X V O I N D L O H V I
K S W O D U E C O T N O K A R K
A Ŭ T O R O P O E Z I O F R D A
```

AVENTURO
AŬTORO
KOLEKTO
KUNTEKSTO
DUECO
EPOPEA
HISTORIA
HUMURA
INVENTA
LITERATURA

RAKONTANTO
ROMANO
PAĜO
POEMO
POEZIO
LEGANTO
RELEVO
RAKONTO
TRAGIKA
SKRIBA

6 - Meditation

```
N O V E Q Y P J Q J R T Z I Y S
A A M R O D L A M O P R A D X P
T O T N E L I S I X L A N I R I
Y O T U P E N S O J C N S Q Z R
P C R C R W I I B W X K N M J A
I E I E K O K I Z U M V G Z M D
Z R R I H C K M M F X I M H M O
S A U S B A D Z J Q G L O G K T
V L M C P P U A A B G E V D J A
E K W U C E N H N Y X Q A M H P
M J P O O W K J V K Y S D S P M
E I F D S P L T Q F O S O H O O
N A T E N T U B I T A N G Y K K
T A K C E P T O M V F E L I Ĉ O
A T Y X M G A C X J O M I T U K
F F E M O C I O J V N Y H X Q L
```

AKCEPTO	FELIĈO
ATENTU	MENTA
MALDORMA	MENSO
SPIRADO	MOVADO
TRANKVILE	MUZIKO
KLARECO	NATURO
KOMPATO	PACO
EMOCIOJ	PERSPEKTIVO
DANKON	SILENTO
KUTIMOJ	PENSOJ

7 - Days and Months

```
V  F  J  U  N  A  H  V  S  M  E  F  O  D  P  K
E  W  A  S  O  D  Ŭ  A  Ĵ  E  J  I  T  Z  N  D
N  C  R  B  V  W  T  Z  E  R  A  F  Z  D  W  M
D  D  O  T  E  J  P  T  B  K  T  P  S  I  W  D
R  I  E  P  M  L  Y  V  E  R  P  D  R  P  H  M
E  M  O  R  B  M  E  T  P  E  S  Z  Z  I  M  W
D  O  R  A  R  D  Q  I  U  D  V  D  W  E  L  W
O  N  A  M  O  I  I  U  D  O  I  L  U  J  A  O
R  A  D  T  T  V  M  M  Y  L  T  L  U  N  D  O
B  T  N  B  A  O  N  J  A  M  E  S  J  V  N  U
O  O  E  P  B  B  P  H  F  N  G  B  U  H  L  H
T  K  L  B  A  M  A  R  T  O  Ĉ  A  J  G  V  B
K  C  A  D  S  G  M  K  Z  D  C  O  N  J  Ŭ  G
O  Q  K  F  E  B  R  U  A  R  O  X  V  S  U  A
J  A  N  U  A  R  O  X  G  A  B  H  U  B  T  G
O  S  N  Z  J  W  N  I  W  M  B  X  R  I  R  X
```

APRILO	NOVEMBRO
AŬGUSTO	OKTOBRO
KALENDARO	SABATO
FEBRUARO	SEPTEMBRO
VENDREDO	DIMANĈO
JANUARO	ĴAŬDO
JULIO	MARDO
MARTO	MERKREDO
LUNDO	SEMAJNO
MONATO	JARO

8 - Energy

```
H  R  B  Y  O  M  J  X  P  K  D  I  M  A  M  N
I  E  A  V  M  E  D  I  O  Z  A  E  G  Z  W  W
D  N  T  M  A  F  U  E  L  O  O  R  Z  D  J  K
R  O  E  O  L  P  R  Q  O  R  T  Y  B  E  Z  Y
O  V  R  T  G  E  O  N  I  Z  N  E  B  O  L  A
G  I  I  O  Y  K  I  R  P  A  E  L  K  U  N  O
E  G  O  R  G  J  R  G  O  O  V  Q  S  L  E  O
N  E  R  O  F  A  T  J  R  T  G  B  Z  O  R  J
O  B  L  M  M  K  S  R  T  W  H  W  H  P  F  S
Q  L  Y  W  M  I  U  U  N  V  A  R  M  O  G  C
Q  A  J  Q  E  I  D  A  E  R  P  W  X  H  I  Q
F  O  T  O  N  O  N  O  R  T  K  E  L  E  U  V
F  F  M  A  E  F  I  X  N  V  V  J  J  L  K  T
Q  O  T  F  R  E  L  E  K  T  R  O  Q  G  E  O
A  Q  N  X  T  Q  U  S  F  B  U  X  G  D  R  G
I  V  Z  K  L  T  U  R  B  I  N  O  J  H  J  X
```

BATERIO	HIDROGENO
KARBONO	INDUSTRIO
DEZELO	MOTORO
ELEKTRO	NUKLEA
ELEKTRONO	FOTONO
ENTROPIO	POLUO
MEDIO	RENOVIGEBLA
FUELO	VAPORO
BENZINO	TURBINO
VARMO	VENTO

9 - Archeology

```
T V K Q I M X Q O F J A R O J D
O Z I L I V I C A I Z I P L Z K
M S M L F E S P L O R I S T O F
B Y J Q M R R E S T A Ĵ A I S O
O K O P E F A M O U W O R B K S
B X T Q K I T G I U X X W A A I
N W I F F K A L M S W W P H T L
O J Q S N N N S X E T P K J U O
K O J L B W O N P Z N E W R G L
J Q Q S N N K D F I W T R P F U
A D Z T I Q E J O T S O O O D E
Q Z J J T O N A T R E P S J K T
M Y F O R G E S I T A A A L A S
A N A L I Z O A N A O V M D N O
A F O E S Q C O R O S E F O R P
I G W C T E M P L O L D I C M Z
```

ANALIZO
OSTOJ
CIVILIZO
POSTEULO
EPOKO
TAKSO
SPERTA
FORGESITA
FOSILO
FRAGMENTOJ

MISTERO
CELOJ
PROFESORO
RESTAĴA
ESPLORISTO
TEAMO
TEMPLO
TOMBO
NEKONATA
JAROJ

10 - Food #2

```
T N Q J B A L R K K C Y D T Q F
A T J D R R E N K X E V O Z Z P
H A O G O T T P H O L Z A N B O
T D H O K I O U D J E F I Ŝ O M
Ĉ R X E O Ŝ M J L Z R Q T Z G O
R O I B L O K N I Ŝ I F U N G O
I Ĝ K T O K N Y K E O T A M O T
Z A B O I O H A M B V U H B Z C
O M G Z L K B Q N Z I Z Q U I A
R O K N Z A O V O A K M H Z R Y
E R O A F D D J G X B T J K E L
B F K L K T C O F L A H J A Ĉ F
N B I E J O G U R T O P J G J H
I A D M A G B Y O T O O V M Y T
V J O B C E K S X F E D U V O M
O K N A G Q H X K H O B B A Q C
```

POMO	MELANZO
ARTIŜOKO	FIŜO
BANANO	VINBERO
BROKOLO	ŜINKO
CELERIO	KIVO
FROMAĜO	FUNGO
ĈERIZO	RIZO
KOKIDO	TOMATO
ĈOKOLADO	TRITIKO
OVO	JOGURTO

11 - Chemistry

```
E P H Z M K O M K R M V K C H E
L G F H F F C R A E L K U N I L
K E V S H C Y L T N F L O T D E
R L L I K V A O A Z M H K E R K
A Y O M I Z N E L H G O S M O T
M Q M R I H C Y I B Z I I P G R
N K R S O B D A Z M I Q G E E O
E V A G Z A I W I H G Z E R N N
M E V X E C F W L S Y Q N A O O
A A E K P I Y P O D I H O T N V
C M F Z F D M M S A L O U U O Y
Y J O N O O A L K A L A L R B R
L N K T Z O R G A N I K A O R O
I M M F A W P D D H B N H D A C
U X K H G W G C Y C A Z R G K K
M O L E K U L O T U D S I B B I
```

ACIDO	HIDROGENO
ALKALA	JONO
ATOMA	LIKVA
KARBONO	MOLEKULO
KATALIZILO	NUKLEA
KLORO	ORGANIKA
ELEKTRONO	OKSIGENO
ENZIMO	SALO
GAZO	TEMPERATURO
VARMO	PEZO

12 - Music

```
H Z F K R R S K P M E Q P A M L
A B Q A I Z E O P E X B V G H O
R A R N T O X U E L B Y K N P Q
M B K T M M B K R O D A L A B P
O V B I A Q U Q T D M O R E P O
N O D S S Y C Z E I A T A K W K
I Ĉ U T N A K R I O J S I M O I
O O L O Q G L R S K K I R R O R
H A R M O N I K O A A K S I L I
R E G I S T R O A L A I S X S L
R C Q E G S W P K B L Z D E G Q
E K L E K T I K O U P U Z I S T
Z D A Y G J G U E M C M E E N I
D M E J C P Y A T O U K S O P S
F X X N P K N M I K R O F O N O
M D N S Q O S D H M K K Ĥ O R O
```

ALBUMO

BALADO

ĤORO

KLASIKA

EKLEKTIKO

HARMONIKO

HARMONIO

LIRIKO

MELODIO

MIKROFONO

MUZIKA

MUZIKISTO

OPERO

POEZIA

REGISTRO

RITMO

RITMA

KANTU

KANTISTO

VOĈO

13 - Family

```
D A I X P F R A T I N O Z U K T
B A G N I A F R A T O N L Z T H
M O X G F P T H M W E I F K M D
D Y C Q F A A R T A P L I T N J
N E P O V E N L I G L K L Q E O
E D Z I N O I A D N O N I V E N
P R A P A T R O Ĝ R O O N D K A
I H X K I R T Q S O X L O G S F
N Y S B V F A W Y A G Q H B R N
F F J I M H P C W U N J A F Y I
A K Q A U L K L N H P A T R O E
N Y W V R M C M M G T Q I P P Q
O X C O A D B E D Z O N F E B P
L Y W P A Y V U L N L V Q U A R
W L U A M N R Q F D A O P J L G
E X Z D J X G V Z B W C D G O L
```

PRAPATRO	NEPO
ONKLINO	EDZO
FRATO	PATRINA
INFANO	PATRINO
INFANAĜO	NEVO
INFANOJ	NEVINO
KUZO	PATRA
FILINO	FRATINO
PATRO	ONKLO
AVO	EDZINO

14 - Farm #1

```
G G K Q Y N M Ĉ G I B U W W G N
B N D A J U T E R S E M O J L H
L G O V M T R V E H O S G F B G
S I X P U P U A G S G T Q M K Z
O K Z G V S O L O D N U H I E D
J K Q S B F D O K R E T S E E Q
K A P R O O I T O M S O U L B Y
L A V R Y J K A A G Y I R O O J
G C U H U N O K B K L F I N V W
K O R V O O K D U E B V Z E I G
B O V I N O V K A I L A O Z D V
A G R I K U L T U R O O R A O X
V M M C D S G Y G K P V C I S J
R U F O M D U F C Z V D A J L R
D K N K H C R X I Q P R I N M O
R O E H Y B I H B J Z X V M E D
```

AGRIKULTURO	STERKO
ABELO	KAMPO
BOVIDO	GREGO
KATO	KAPRO
KOKIDO	FOJNO
BOVINO	MIELO
KORVO	ĈEVALO
HUNDO	RIZO
AZENO	SEMOJ
BARILO	AKVO

15 - Camping

```
J O T K E S N I V N Z I A Z S J
Y L A G O C I S S L M H Z Y F S
I E S O K L D M R U H B M L T L
Ĉ P G Y A K O M P A S O D M G A
I A D G M O D L M F A J R O R D
B Ĉ S F A A R S G D Z O M U A I
Z F O A H O V G O R U T A N I H
M A P O D J L E T K M S Q A J M
N C J F Z O K A N O A E S K Q A
K K E Q Y Ŝ U O O T E B Y C G T
S X G J M H N A M D U R H N E C
V T F U Q X K U P O E R J P W X
P E Z Z L E G I R Z S T O F F M
A R B A R O S L F O N A B A K C
B Q S B O S H W L U N O R U P J
T E N D O M L T P P E Z A F G E
```

AVENTURO   ĈASADO
BESTOJ   INSEKTO
KABANO   LAGO
KANUO   MAPO
KOMPASO   LUNO
FAJRO   MONTO
ARBARO   NATURO
AMUZA   ŜNURO
HAMAKO   TENDO
ĈAPELO   ARBOJ

16 - Algebra

```
F  B  P  C  N  B  N  W  O  H  A  R  T  B  U  S
A  D  J  E  U  J  U  I  Z  C  L  H  X  P  C  T
K  U  V  O  L  B  M  Q  E  N  I  F  N  E  S  V
T  K  F  S  M  E  E  E  T  N  H  V  D  D  A  B
O  N  I  Z  O  E  R  V  N  F  O  R  M  U  L  O
R  O  Y  G  V  S  O  M  E  L  B  O  R  P  P  D
O  S  O  L  V  O  I  M  R  U  W  J  A  I  P  E
C  N  B  M  E  E  C  M  A  D  I  V  I  D  O  K
I  Y  N  Q  V  N  T  C  P  R  H  H  N  Y  L  S
R  E  K  V  A  C  I  O  Q  L  P  X  I  K  B  P
T  F  R  A  K  C  I  O  P  G  I  C  L  D  A  O
A  U  I  T  B  Z  D  N  A  Z  K  G  O  N  I  N
M  D  I  A  G  R  A  M  O  I  W  F  I  D  R  E
X  E  I  P  P  Y  I  G  R  A  F  I  K  O  A  N
J  P  J  Q  W  C  F  B  K  V  X  Z  T  H  V  T
F  A  L  S  A  P  V  Z  A  K  R  U  J  J  Z  O
```

DIAGRAMO   LINIA
DIVIDO   MATRICO
EKVACIO   NUMERO
EKSPONENTO   PARENTEZO
FAKTORO   PROBLEMO
FALSA   SIMPLIGI
FORMULO   SOLVO
FRAKCIO   SUBTRAHO
GRAFIKO   VARIABLO
SENFINE   NUL

17 - Numbers

```
D  S  E  S  U  D  K  E  D  D  V  N  N  F  Q  I
P  E  S  Z  N  E  O  B  E  A  G  Q  W  B  B  P
V  S  K  Y  U  K  D  U  C  S  Q  E  N  D  O  C
K  K  E  N  E  O  V  W  I  K  V  A  R  E  G  Q
T  E  D  I  A  K  W  T  M  D  B  H  A  K  U  U
K  D  U  V  W  Ŭ  L  S  A  V  E  E  V  S  I  L
P  B  D  K  U  F  A  R  L  F  I  K  K  E  U  V
D  K  X  T  O  N  Z  N  A  V  I  Z  K  P  Y  S
Y  V  Y  D  E  I  W  K  C  A  T  V  E  V  L  M
R  Z  U  V  M  W  F  Y  D  Z  J  N  D  Z  I  P
X  D  E  K  F  K  M  E  Y  G  P  R  V  O  U  N
E  N  W  D  Q  S  R  H  X  Q  Z  Q  T  D  Q  V
D  E  K  T  R  I  Q  Z  I  H  X  N  R  N  E  S
Q  L  W  S  Z  Y  N  E  X  A  B  C  I  Q  A  H
H  X  Q  B  Y  Z  K  T  C  B  G  Z  N  D  U  T
X  I  E  D  N  Z  B  A  Q  G  F  T  N  E  Y  A
```

DECIMALA	SEP
OK	DEK SEP
DEK OK	SES
DEK KVIN	DEK SES
KVIN	DEK
KVAR	DEK TRI
DEK KVAR	TRI
NAŬ	DEK DU
DEK NAŬ	DUDEK
UNU	DU

18 - Spices

```
G K L W V O H Z N V A S M T E V
E L V C U R R Y D P B M A B C Y
M K I L B N N M L F E O A L M L
T O F K G L S J M L D M G R O A
U R E I O R P I P O N A R F A S
N I N C K R C F J R A D C G Ĉ L
A A K E O Z I N A B J R I U L W
H N O P R I Q C J I L A N S O D
R D L O G Z A W O G O C A T D N
N R O L U K U M I N O S M O L O
F O Y F N B M J L I B B O C T S
I G T E E G O J Z Z U E W C E X
S P T O F B Q U X G L Q Y P M V
U C C O Z G N X I L N E X X N Q
O V A N I L O F P H K G M J T N
C Q M E Z G K P A Q G Q M V D B
```

ANIZO
AMARA
CARDAMOM
CINAMO
KORIANDRO
KUMINO
CURRY
FENKOLO
FENUGROKO
GUSTO

AJLO
ZINGIBRO
GLIKORICO
NUTMEG
CEPO
PIPRO
SAFRANO
SALO
DOLĈA
VANILO

19 - Universe

```
P  F  N  Ĉ  O  U  F  Q  H  A  M  U  E  D  R  G
Z  Q  G  I  G  R  C  M  O  K  A  I  D  O  Z  A
S  D  K  E  R  M  S  V  T  H  L  I  O  G  L  L
K  U  K  L  B  J  R  Z  I  Q  L  D  Z  Q  I  A
H  H  N  A  D  J  R  I  E  T  U  P  D  Q  O  K
X  E  F  A  K  O  S  M  A  T  M  Y  F  E  I  S
E  R  M  V  G  O  R  E  F  S  O  M  T  A  M  I
K  B  S  I  P  O  M  A  Ĉ  M  D  T  V  X  O  O
V  N  O  K  S  F  K  N  I  L  U  S  I  D  N  M
A  G  P  G  W  F  V  K  E  C  T  O  T  B  O  O
T  V  E  M  P  C  E  Y  L  R  I  L  E  T  R  N
O  N  U  L  C  M  C  R  O  K  T  S  T  M  T  O
R  V  I  D  E  B  L  E  O  G  A  T  A  C  S  R
O  D  I  O  R  E  T  S  A  O  L  I  K  Y  A  T
N  H  O  R  I  Z  O  N  T  O  J  C  B  C  V  S
T  E  L  E  S  K  O  P  O  F  Y  O  R  S  F  A
```

ASTEROIDO   HORIZONTO
ASTRONOMO   LATITUDO
ASTRONOMIO   LUNO
ATMOSFERO   ORBITO
ĈIELA   ĈIELO
KOSMA   SUNA
MALLUMO   SOLSTICO
EKVATORO   TELESKOPO
GALAKSIO   VIDEBLE
HEMISFERO   ZODIAKO

20 - Mammals

```
M I A V S L K G O R I L O X P B
S V D T W V K X U D X I S A T M
C I V L U P O D R J N G R Z V L
G H M U Ŝ A F O U A F U U S S E
N G G I L O M F G Z B O H Q K O
M T B O O P V T N Ĉ E V A L O N
E A R B F N O T A K Q O X G L O
E L E F A N T O K L A B X Y K E
Z S P L R U O N P J U R P U I D
F C D R I V J E Y U Y I R Q N E
F P A K Ĝ W O L U D Z V A L U L
O R O T S A K A U S X F E N K F
H M D G G S L B P W Z E B R O E
J W R G B C I U W L V S J S A N
C S U W A X U Z O X K W J Z O O
H Q U I M M X T C U O O W Y K L
```

URSO   GORILO
KASTORO   ĈEVALO
VIRBOVO   KANGURUO
KATO   LEONO
KOJOTO   SIMIO
HUNDO   KUNIKLO
DELFENO   ŜAFO
ELEFANTO   BALENO
VULPO   LUPO
ĜIRAFO   ZEBRO

21 - Fishing

```
B  D  R  J  P  W  N  E  R  H  B  P  F  S  B  K
P  R  R  J  E  M  A  L  K  F  G  B  S  E  O  U
A  A  I  K  Z  C  Ĝ  O  G  I  O  R  T  Z  A  I
C  X  K  K  O  U  I  G  K  U  P  G  L  O  T  R
I  F  R  N  O  B  L  A  T  J  F  A  E  N  O  I
E  K  C  W  L  J  O  Î  M  F  V  J  Ĵ  O  K  S
N  U  R  V  E  M  J  O  Ĝ  A  L  P  P  O  O  T
C  T  N  K  Z  P  Y  U  I  F  X  Q  U  T  H  O
O  C  H  C  K  C  C  Z  U  K  O  R  B  O  A  T
X  N  L  J  A  O  C  E  A  N  O  A  Z  R  F  A
J  T  D  L  M  Y  Y  Q  T  J  E  U  K  E  B  R
X  S  D  A  N  T  X  H  E  S  Y  O  I  V  S  D
Z  U  B  Z  S  F  H  D  X  K  E  E  K  I  O  J
T  I  O  A  H  J  W  G  L  H  Q  F  L  R  W  N
Z  V  T  J  V  T  F  D  B  J  X  Y  R  H  O  H
I  A  D  B  L  A  G  O  K  U  Y  M  L  Z  T  Z
```

LOGAĴO   MAKZELO
KORBO   LAGO
PLAĜO   OCEANO
BOATO   PACIENCO
KUIRISTO   RIVERO
EKIPAĴO   SEZONO
TROIGO   AKVO
NAĜILOJ   PEZO
BRIKOJ   DRATO
HOKO

22 - Bees

```
K Y F Y I K D C B W C M I D Q C
Y W L N R M I I Q D M O A M J O
D W O N U S V X U A C G C N L A
O Q R M A M E T S I S O K E Ĝ P
Z O O F V T R Z R G P T C K P O
X C J L O W S G U P O A P M O T
P P Z O T K E S N I L T X H L K
U L K R X T C T O Q E I O W L U
T K A O J Q O M U F N B J E I R
I T O N R E Ĝ I N O O A V L N F
L V A E T P I X A V B H N Q A H
A A A D M O U A B E L U J O T H
D K G R S I J S V A R M O W O E
N S A A S V E S W I Z S N U R M
N O N Ĝ M H F L V B W A G D B N
V O J C I N Z C O X Q I W H Y V
```

UTILA

FLORO

DIVERSECO

EKOSISTEMA

FLOROJ

MANĜO

FRUKTO

ĜARDENO

HABITATO

ABELUJO

MIELO

INSEKTO

PLANTOJ

POLENO

POLLINATOR

REĜINO

FUMO

SUNO

SVARMO

VAKSO

23 - Weather

```
Q D F N I O Q E F O R D N O T T
K I J P G G U A V L S C E R R O
L L N G T D S E K E C O B E F R
I O O U Q L E P I I M M U F W N
M N A G N U I O Ĉ P R L S K A
A O U T B D Q L U F L O O O Q D
T I L B C L O U R M P T R M G O
O R Z K O J K S A B L Ŝ Z T L T
C K V G B K R A G I F F A A A N
O O X G Q D A Y A G J S P V C E
S E K A G S L Q N F U L M O I V
Z F W V W I E L O R R Z C W O K
C R R U F P I T R A N K V I L E
Q D F Y J U Ĉ V H E Y E T D M G
T E M P E R A T U R O W J E U L
Y L Z U X B M X M A C V P K B L
```

ATMOSFERO
TRANKVILE
KLIMATO
NUBO
SEKECO
SEKA
INUNDO
NEBULO
URAGANO
GLACIO

FULMO
POLUSA
ĈIELARKO
ĈIELO
ŜTORMO
TEMPERATURO
TONDRO
TORNADO
TROPIKA
VENTO

24 - Adventure

```
Z S A D O V G Ŝ Z F E U L J N A
Q E M I C B A A C Z F O M G A C
X K I F I E J N Y S S J Q Q T Z
M U K I T L P C G T Z W N B U H
Y R O C F E Q O R A P E R P R D
R E J U O C N O V A T L Q J O M
G C P L T O R E N I T I Y V G E
D O B T K V M A K T I V E C O K
H E G O U A L S D B F Y G N Ĝ S
I Q S P Q R G X A N O V I M O K
M L X T A B M D N I B R R Z J U
W I E C I Y V J Ĝ W Z E Z P O R
L B J A Y N R Q E S B U P A J S
N J O Ĝ A J O V R L E Z T D V O
N A V I G A D O A D H U E N J E
X N E K U T I M A U S Z S H E D
```

AKTIVECO
BELECO
BRAVO
ŜANCO
DANĜERA
DESTINO
DIFICULTO
ENTUZIASMO
EKSKURSO
AMIKOJ

ITINERO
ĜOJO
NATURO
NAVIGADO
NOVA
PREPARO
SEKURECO
VOJAĜOJ
NEKUTIMA

25 - Restaurant #2

```
F  K  B  C  G  A  A  O  S  N  I  H  K  G  Y  B
K  U  Q  C  L  M  K  J  P  F  A  Y  E  Y  H  L
F  L  P  A  A  P  V  N  E  C  J  B  L  W  S  V
G  E  I  M  C  L  O  X  C  S  K  N  N  T  E  I
R  R  K  G  I  R  P  Y  O  L  U  Q  E  D  J  W
M  O  Y  V  O  Ŝ  I  F  J  L  K  Q  R  G  A  Y
T  A  G  M  A  N  Ĝ  O  N  J  O  M  O  G  E  L
W  Q  A  X  N  T  Q  Y  S  O  F  O  R  K  O  N
P  Z  P  J  T  F  D  I  S  V  T  D  X  Z  P  E
C  F  E  E  C  Q  S  E  Ĝ  O  X  A  A  N  V  Y
E  R  R  A  H  I  R  Y  B  C  A  Y  L  S  I  H
U  U  K  T  B  O  N  A  J  L  F  O  F  A  R  V
D  K  T  R  I  N  K  A  Ĵ  O  H  P  T  L  S  Y
B  T  Y  H  O  O  L  S  N  L  J  F  Q  O  E  R
I  O  S  U  P  O  Ĝ  N  A  M  R  E  P  S  E  V
J  F  O  I  U  H  E  Y  E  M  A  L  U  A  I  E
```

TRINKAĴO   TAGMANĜO
KUKO   SALATO
SEĜO   SALO
BONAJ   SUPO
VESPERMANĜO   SPECOJ
OVOJ   KULERO
FIŜO   LEGOMOJ
FORKO   KELNERO
FRUKTO   AKVO
GLACIO

26 - Geology

```
F  K  C  J  U  E  A  Y  Z  M  L  V  E  K  M  V
R  O  I  Z  O  R  E  C  H  F  A  U  O  W  P  O
B  R  T  B  K  M  C  R  I  P  V  L  X  K  H  Z
L  A  E  K  V  A  R  C  O  D  O  K  D  R  T  C
F  L  R  M  Z  F  B  H  L  L  O  A  M  I  H  I
Z  O  T  I  T  K  A  L  A  T  S  N  K  S  K  K
W  H  R  Z  P  G  Z  B  S  F  L  O  N  T  A  L
C  Y  E  K  A  V  E  R  N  O  R  H  O  A  L  O
F  Y  M  A  L  T  E  B  E  N  A  Ĵ  O  L  C  J
P  O  O  M  I  N  E  R  A  L  O  J  N  O  I  K
Q  R  S  G  F  G  D  T  A  V  O  L  O  J  O  P
K  E  K  I  Q  F  T  W  H  W  Q  A  T  J  U  S
A  S  V  A  L  A  T  B  B  O  J  O  Ŝ  B  R  W
K  J  D  H  I  O  R  C  M  V  F  P  Z  V  M  G
R  E  N  W  K  O  N  T  I  N  E  N  T  O  R  O
X  G  V  P  X  W  L  R  W  L  N  J  B  C  T  I
```

ACIDO	GEJSERO
KALCIO	LAVO
KAVERNO	TAVOLO
KONTINENTO	MINERALOJ
KORALO	ALTEBENAĴO
KRISTALOJ	KVARCO
CIKLOJ	SALO
TERTREMO	STALAKTITO
EROZIO	ŜTONO
FOSILO	VULKANO

27 - House

```
Ŝ  R  Z  N  O  K  N  A  L  P  F  X  M  Ĉ  J  X
S  L  P  W  J  X  P  C  I  N  I  V  E  A  N  Y
U  Ĝ  O  K  E  T  O  I  L  B  I  B  B  M  J  K
B  A  Ĝ  S  R  O  Ŝ  E  J  M  L  F  L  B  C  Q
T  R  A  K  I  J  U  Z  Q  S  U  A  O  R  H  X
E  D  R  U  U  L  D  Q  W  C  X  R  M  O  N  R
G  E  A  R  K  F  O  U  A  O  D  R  O  P  O  A
M  N  G  T  V  E  H  J  I  G  W  H  X  B  O  S
E  O  T  E  U  N  Q  L  A  C  O  B  N  Y  R  P
N  Q  K  N  L  E  C  K  B  O  E  K  C  H  J  E
T  X  R  O  J  S  T  E  G  M  E  N  T  O  A  G
O  B  C  J  A  T  G  M  F  A  G  Y  E  L  F  U
P  U  X  D  Y  R  A  P  P  V  J  A  E  I  U  L
W  Z  D  U  B  O  Z  P  W  C  Y  R  X  R  Z  O
B  A  L  A  O  E  P  O  Z  Y  O  V  U  A  L  L
Y  Y  O  K  G  C  S  Q  R  F  H  T  Y  B  T  I
```

SUBTEGMENTO	ŜLOSILOJ
BALAO	KUIREJO
KURTENOJ	LAMPO
PORDO	BIBLIOTEKO
BARILO	SPEGULO
FAJRO	TEGMENTO
PLANKO	ĈAMBRO
MEBLO	DUŜO
GARAĜO	MURO
ĜARDENO	FENESTRO

28 - Physics

```
R A P I D E C O O Z A G D A D C
O N H C B Q F G K W S H K D V R
L D J G Z U O D I P A R E A K G
U A T O M O R S N I L Q M L O I
K N W C R L M J A F N N I A P V
E R I E N K U W K M D D K A B G
L Y W V L I L S E U X B O A N W
O S T I E T O G M X P M X O S M
M V C T A R M A G N E T I S M O
X M B A D A S F R E K V E N C O
E M M L L P S A M L U W K E S L
L U F E L Z F E L O Q D N D R E
O N O R T K E L E A T R P B R C
J L P F M X T K E Q K O S O A K
L O F S C K S U B H Y Z R R V A
H U S K R T C N X L S Q T O K K
```

AKCELO	MAGNETISMO
ATOMO	MASO
KAOSO	MEKANIKO
KEMIKO	MOLEKULO
DENSO	NUKLEA
ELEKTRONO	PARTIKLO
MOTORO	RELATIVECO
FORMULO	RAPIDO
FREKVENCO	UNIVERSALA
GAZO	RAPIDECO

29 - Dance

```
K S P T U M H I A E O N S P K T
O N E T N I S X I R T I C S F B
R G V I H L A J O Ĝ T D R P G U
E K V Z Q R K C M R S O S Q P F
G Q N Q L E A K L A S I K A M W
R N H L Q W D E S P R I M A W O
A P M E Z B E G R K U L T U R A
F L N U F Y M A I C I D A R T G
I V O Y Z G I X T G Z A X Z K R
O I P I J I O L M S C V B K C A
F D H K F Q K X O R U T L U K C
O A Y Q O Q E O D A V O M M M E
P A R T N E R O V G B F F O F Z
Z V X N E M O C I O P R O K I T
F K R J Y C N N R H R I Y H J T
X R T D G K Q Q S P M P J M Z L
```

AKADEMIO
ARTO
KORPO
KOREGRAFIO
KLASIKA
KULTURA
KULTURO
EMOCIO
ESPRIMA
GRACE

ĜOJA
MOVADO
MUZIKO
PARTNERO
SINTENO
PROVO
RITMO
TRADICIA
VIDA

30 - Shapes

```
U U G F F W T F O L S K K R H X
A K Z K K S V L I V U V Q E C C
S X O U U O K A N E A O X C U H
R F G B R Q N N I W Q L E T C P
X K E O B A Z K L R D K A A I I
D V A R O Q N O M S I R P N L R
C A R F O D O P D I J I D G I A
W D K G S E L I P S O C I U N M
P R O V U Z O O O Y D L Y L D I
O A Z N N C B F V Y N S U O R D
L T I Z O R R O U D A R Y G O O
I O Y Y K Q E A J H R O A S N T
G S N V Z V P W P I Y G A I U A
O L U G N A I R T V D X E Z X H
N Q P V C O H Y O O D K J O F M
O M P J D L F S C R Z Y B J Z L
```

ARKO
CIRKLO
KONUSO
ANGULO
KUBO
KURBO
CILINDRO
RANDOJ
ELIPSO
HIPERBOLO

LINIO
OVALA
POLIGONO
PRISMO
PIRAMIDO
RECTANGULO
FLANKO
SFERO
KVADRATO
TRIANGULO

31 - Scientific Disciplines

```
G  S  K  F  X  C  S  T  Y  D  A  K  L  T  M  N
E  E  O  K  I  N  A  T  O  B  N  I  I  E  I  E
O  K  I  C  O  J  Z  C  D  P  A  N  N  R  N  U
L  O  G  O  I  Q  A  Y  O  E  T  E  G  M  E  R
O  L  O  I  G  O  L  O  I  B  O  S  V  O  R  O
G  O  L  V  O  H  L  K  A  T  M  I  I  D  A  L
I  G  O  I  L  E  Q  O  Q  P  I  O  S  I  L  O
O  I  I  J  O  H  W  P  G  I  O  L  T  N  O  G
C  O  Z  C  E  L  A  K  A  I  G  O  I  A  G  I
Z  I  I  M  K  B  Q  M  D  V  O  G  K  M  I  O
K  M  F  R  R  E  V  E  M  C  N  Y  O  I  O  Q
F  E  Z  T  A  M  E  K  A  N  I  K  O  K  J  I
Y  K  M  A  S  T  R  O  N  O  M  I  O  O  Z  Q
Q  O  O  I  I  M  U  N  O  L  O  G  I  O  Z  M
K  I  B  U  O  P  S  I  K  O  L  O  G  I  O  Y
E  B  Z  O  O  L  O  G  I  O  V  J  K  L  O  T
```

ANATOMIO	KINESIOLOGY
ARKEOLOGIO	LINGVISTIKO
ASTRONOMIO	MEKANIKO
BIOKEMIO	MINERALOGIO
BIOLOGIO	NEUROLOGIO
BOTANIKO	FIZIOLOGIO
KEMIO	PSIKOLOGIO
EKOLOGIO	SOCIOLOGIO
GEOLOGIO	TERMODINAMIKO
IMUNOLOGIO	ZOOLOGIO

32 - Science

```
F K M Y X M T O N N O E R L S P
K L O X N M Y X R A R V Y A C F
F I N H A E A P Z T G O W B I J
H M P L A N T O J U A L G O E L
M A J V I U W D O R N U Z R N O
E T F F B F O O L O I O U A C H
J O C G R W X T U B S K C T I P
D A T U M O F E K Y M I G O S M
J J U Q B D O M E A O Z L R T U
Z C B R J I S C L N F I B I O O
K E M I K O I O O L P F Z O C G
H N B Z S J L O M G R A V I T O
P C B J O J O L A R E N I M Z H
F Z E K S P E R I M E N T O D W
A T O M O Q O Z E T O P I H A O
R E Q Z P U R O L A H S C S I U
```

ATOMO
KEMIKO
KLIMATO
DATUMO
EVOLUO
EKSPERIMENTO
FAKTO
FOSILO
GRAVITO
HIPOTEZO

LABORATORIO
METODO
MINERALOJ
MOLEKULOJ
NATURO
ORGANISMO
EROJ
FIZIKO
PLANTOJ
SCIENCISTO

33 - Beauty

```
F J O V R E S K D L I K M H T P
E Y T H Ĉ C L B O R O L O K O R
E F A W A A D E E N J U D V N O
N L H S R R D D G C S K R O D D
T N E W M G M K Q A V I O L I U
P U F G O P I N L T N N S S L T
L R A Y A R S W P A S T O T O O
P E Q D T N P I B L P Ŝ A S O J
O D O R O Y T Q D G E A S T M F
B B K F Y A H E F V G M D I U S
A U F U Q C V X C E U P R L F M
S K M A S C A R A O L U P I R T
G L E N W M U M G W O O Q S A T
B O C I N É G O T O F W N T P F
S J O K I T E M S O K I A O T E
R W H S L Y F A B Y C H I Q Y G
```

ĈARMO
KOLORO
KOSMETIKOJ
BUKLOJ
ELEGANTECO
ELEGANTA
PARFUMO
GRACE
KONSISTO
MASCARA

SPEGULO
FOTOGÉNICO
PRODUTOJ
ODORO
TONDILO
SERVOJ
ŜAMPUO
GLATA
STILISTO

34 - Clothes

```
P  K  Z  O  N  O  Z  I  M  E  Ĉ  L  J  Z  E  B
B  A  O  L  E  T  N  A  M  P  I  Ĵ  A  M  O  R
P  T  N  L  D  T  N  K  E  M  S  S  A  P  L  A
Y  C  F  T  I  R  V  M  G  K  T  M  N  U  E  C
L  B  P  A  A  E  X  V  M  U  W  L  T  B  P  E
P  Y  E  E  Q  L  R  I  J  U  P  O  A  B  A  L
R  L  F  V  K  Z  O  O  M  I  T  T  Ŭ  R  Ĉ  E
J  U  V  E  L  O  J  N  Ŝ  U  O  S  T  E  H  T
B  T  N  V  M  P  O  D  O  M  J  E  U  O  V  O
A  Q  O  B  R  E  T  E  V  E  S  V  K  Q  I  L
G  C  O  Q  M  J  N  N  P  Z  X  R  O  G  Z  F
J  O  L  A  D  N  A  S  S  T  W  V  T  X  L  O
S  A  U  Z  P  R  G  H  F  M  G  C  U  T  L  Z
R  H  K  R  B  N  U  J  F  N  W  Y  S  S  M  W
K  I  S  O  G  T  R  D  W  R  U  Q  S  B  V  I
B  L  U  Z  O  P  K  P  I  Z  C  C  M  U  Z  M
```

ANTAŬTUKO	JUVELOJ
ZONO	KOLIERO
BLUZO	PIĴAMO
BRACELETO	PANTALONO
MANTELO	SANDALOJ
VESTO	SKULO
MODO	ĈEMIZO
GANTOJ	ŜUO
ĈAPELO	JUPO
JAKO	SEVETER

35 - Ethics

```
P B O M S I U R T L A U H B Z L
N A P V B M H T A T K E P S E R
U I C W E W W F J C U F W Z F K
I T J I E V F S W T I E Y G D L
F A O C E S E N O H E X R S E
I M H K E N U A K L O B C P A Z
L O O O O K C V L E Z B E O Ĝ R
O L M K V M B O R R Z D A V O B
Z P A Y X R P O H E O T K O V I
O I R Y B C N A O M S I L A E R
F D O F B Y T D T O K V R S V N
I V A L O R O J R O I A U D H U
O H N I N T E G R E C O U I X T
R K U N L A B O R O M B T G F R
A K C E P T E B L A F K F N N Y
U W K M Y O M S I M I T P O H G
```

ALTRUISMO
KOMPATO
KUNLABORO
DIGNO
DIPLOMATIA
HONESTECO
HOMARO
INTEGRECO
OPTIMISMO

PACIENCO
FILOZOFIO
RACIECO
REALISMO
AKCEPTEBLA
RESPEKTA
TOLEREMO
VALOROJ
SAĜO

36 - Astronomy

```
L A K I G P G P D O X J N Z A Z
U S Q V A L O A V O N R E P U S
N T E Y L A D V G X X D B X B K
O R K M A N A D G Ĉ G X U B J O
T O L E K E I D L X I Z L E O N
I N I U S D D W V D C E A T S S
L O P K I O A B R Q K R L U T T
E M S G O O R S T D J P Z O E E
T O O T Ŭ A N O R T S A Q M R L
A W J T A S T E R O I D O S O A
S J N O E U U Y O K A I D O Z C
V W L O S K O N I V K E B K S I
O B S E R V A T O R I O S J I O
Z A D P E S Z R O M E T E O R O
I J T Y Z M S G P Q C H S Z U G
N P Z T H L W P E Q P R C V Z C
```

ASTEROIDO
ASTRONAŬTO
ASTRONOMO
KONSTELACIO
KOSMO
TERO
EKLIPSO
EKVINOKSO
GALAKSIO
METEORO

LUNO
NEBULA
OBSERVATORIO
PLANEDO
RADIADO
RAKETO
SATELITO
ĈIELO
SUPERNOVAO
ZODIAKO

37 - Health and Wellness #2

```
S  I  R  M  F  D  X  X  F  O  N  A  S  L  A  M
T  G  I  S  P  E  Z  O  C  I  Ĝ  V  J  Z  N  D
R  W  N  O  A  O  S  D  P  R  G  A  K  T  A  D
E  A  F  F  A  N  Y  D  C  O  M  K  S  V  T  S
Ĉ  X  E  C  O  I  G  R  E  L  A  R  D  A  O  L
O  J  K  J  T  M  X  O  K  A  C  X  B  S  M  L
I  J  T  H  I  A  T  H  P  K  B  O  T  E  I  D
G  A  O  H  T  T  U  O  D  A  I  M  A  N  O  N
R  W  J  O  E  I  C  S  G  V  A  H  S  A  D  Y
E  T  M  Y  P  V  T  P  X  E  K  H  A  K  A  Q
N  H  R  C  A  Y  J  I  T  O  N  L  N  V  R  G
E  K  N  O  R  C  D  T  Y  P  V  E  A  I  T  P
D  B  A  S  B  H  L  A  S  L  G  G  T  O  U  I
R  E  T  R  O  V  O  L  B  P  U  V  L  I  N  V
T  H  X  E  G  F  I  O  S  J  U  X  K  A  K  R
S  R  R  C  H  H  I  G  I  E  N  O  Z  J  T  O
```

ALERGIO   HOSPITALO
ANATOMIO   HIGIENO
APETITO   INFEKTO
SANGO   MASAĜO
KALORIO   NUTRADO
DIETO   RETROVO
MALSANO   STREĈO
ENERGIO   VITAMINO
GENETIKO   PEZO
SANA

38 - Disease

```
S O N E G Ó T A P I K D K Z G P
G K N F S F B D L M T I O G E X
S A K S G V K E B E V H R P K T
V P H S C X C R H X R J O A P E
F S I B T H U E Q X B G F T T R
H J R R H M U H E B W L I R M A
I H R C A U Y H J F H U O O Z P
S M C M D W K O R P O M P F J I
S N U G E N E T I K O B L L B O
A O K N I N F L A M O A K A W N
N N E U E M X L Ĝ I F I B M C R
O S W P R C N J A N E M O D B A
W C N T C A O I T A P O R U E N
K R O N I K O M N J H X T E V B
O S T O J M N K O M O R D N I S
B A K T E R I O K F P T I Q G L
```

ABDOMENAJ	HEREDA
ALERGIOJ	IMUNECO
BAKTERIO	INFLAMO
KORPO	LUMBA
OSTOJ	NEUROPATIO
KRONIKO	PATÓGENOS
KONTAĜA	SPIRA
GENETIKO	SINDROMO
SANO	TERAPIO
KORO	MALFORTA

39 - Time

```
Q  T  T  H  I  T  S  A  A  X  Z  W  H  M  S  S
S  A  Q  K  P  Z  V  I  T  G  V  J  J  X  C  Q
E  G  V  K  G  M  E  T  B  C  P  Z  Y  X  V  Q
M  M  O  U  M  X  L  V  M  H  Z  W  P  E  Ŭ  Y
A  E  Y  M  L  P  F  X  I  B  O  N  E  T  A  M
J  Z  K  S  S  O  U  E  N  J  T  N  P  Q  D  H
N  O  Ĝ  O  L  R  O  H  U  E  A  A  U  B  L  I
O  R  T  R  Z  Y  O  Q  T  S  N  R  T  N  A  E
D  A  B  K  T  G  C  T  O  T  O  O  D  I  B  R
D  J  T  T  O  C  N  E  O  O  M  H  P  E  A  A
E  A  I  I  O  N  F  I  A  N  G  O  A  V  K  Ŭ
T  N  V  S  Y  W  H  T  Y  T  R  D  Y  L  L  O
W  N  L  E  V  Y  U  G  I  E  M  I  P  X  V  H
Z  Z  P  K  A  O  T  N  E  C  R  A  J  E  W  A
K  A  L  E  N  D  A  R  O  O  K  Ŭ  A  T  N  A
W  D  N  D  T  A  G  O  D  F  R  U  E  E  S  J
```

ANTAŬ
KALENDARO
JARCENTO
HORLOĜO
TAGO
JARDEKO
FRUE
ESTONTECO
HORA
MINUTO

MONATO
MATENO
NOKTO
TAGMEZO
NUN
BALDAŬ
HODIAŬ
SEMAJNO
JARO
HIERAŬ

40 - Buildings

```
I  G  Z  L  O  N  A  B  A  K  Y  J  A  I  C  B
N  J  X  X  J  B  A  P  R  Q  Q  C  M  M  S  T
F  M  O  L  E  T  S  A  K  B  T  I  B  T  T  E
Q  M  E  C  T  O  J  E  N  E  R  G  A  M  A  A
V  A  Z  R  S  R  W  Q  R  I  R  S  S  X  D  T
B  Y  U  L  A  R  F  Z  D  V  Z  M  A  O  I  R
P  F  M  I  G  W  H  B  G  Y  A  S  D  J  O  O
H  O  T  E  L  O  O  N  I  Z  U  T  O  Z  J  N
G  A  N  I  R  U  S  D  T  U  R  O  O  U  K  I
P  D  J  C  D  S  P  L  N  Z  O  J  N  R  B  K
E  A  Q  H  L  Y  I  F  S  E  O  T  U  Q  I  W
N  K  Y  N  T  T  U  Q  B  T  X  W  T  O  O
B  E  I  X  L  E  A  L  E  R  N  E  J  O  V  A
N  G  K  R  J  F  L  H  G  B  J  W  J  N  A  L
B  R  W  O  I  R  O  T  A  R  O  B  A  L  M  Y
S  U  P  E  R  B  A  Z  A  R  O  B  R  V  K  B
```

GRENEJO	LABORATORIO
KABANO	MUZEO
KASTELO	OBSERVATORIO
KINO	LERNEJO
AMBASADO	STADIO
UZINO	SUPERBAZARO
HOSPITALO	TENDO
GASTEJO	TEATRO
HOTELO	TURO

41 - Philanthropy

```
Z  B  M  I  B  B  U  I  H  C  O  M  K  R  G  S
J  O  M  A  R  G  O  R  P  O  P  V  A  I  R  X
O  N  K  X  U  Z  I  I  C  C  M  A  D  N  U  T
T  F  M  I  N  Y  S  O  B  D  Z  O  C  F  P  K
K  A  A  T  L  G  I  Z  Y  E  Q  B  J  A  O  F
A  R  L  M  B  B  M  Y  V  T  S  P  O  N  J  I
T  A  A  N  H  T  U  S  U  K  O  J  L  O  E  N
N  D  V  I  U  L  K  P  E  W  F  K  E  J  O  A
O  O  A  C  G  R  H  R  E  Q  G  M  C  A  G  N
K  J  R  N  H  C  O  H  I  S  T  O  R  I  O  C
F  U  E  B  P  S  M  R  L  L  U  V  Z  P  R  O
U  G  C  J  F  Y  A  D  N  O  M  T  U  T  J  R
N  V  O  X  Y  X  R  V  K  I  X  L  T  K  W  A
D  P  A  X  O  I  O  C  E  T  S  E  N  O  H  C
O  J  U  N  U  L  O  N  L  D  R  Y  M  X  K  X
J  Y  A  J  R  T  J  K  O  M  U  N  U  M  O  J
```

BONFARADO	HISTORIO
INFANOJ	HONESTECO
KOMUNUMO	HOMARO
KONTAKTOJ	MISIO
FINANCO	DEVAS
FUNDOJ	HOMOJ
MALAVARECO	PROGRAMOJ
TUTMONDA	PUBLIKO
CELOJ	JUNULO
GRUPOJ	

42 - Gardening

```
T  R  U  L  O  H  U  S  D  N  H  V  L  S  J  F
Z  S  A  W  J  M  Q  E  K  B  S  O  X  Y  Y  L
Q  F  Z  Q  H  G  D  Z  J  O  M  E  S  J  U  O
S  X  F  Z  W  J  S  O  D  I  M  U  H  O  Y  R
B  U  K  E  D  O  P  N  K  R  W  P  U  J  O  A
P  X  C  I  K  I  E  A  B  I  X  K  O  P  W  U
T  H  H  T  G  L  C  Z  E  C  N  L  D  S  R  R
C  O  V  T  T  O  I  X  M  V  P  A  J  J  T  Z
T  Ĵ  Q  G  Z  F  O  Y  H  Y  K  T  T  Y  C  O
M  A  N  Ĝ  E  B  L  A  S  W  L  O  R  O  L  F
M  R  P  Y  B  X  Q  S  G  A  I  Z  H  F  B  T
D  U  Q  W  Q  G  Q  L  U  K  M  K  D  X  F  A
S  P  T  A  A  N  M  S  M  V  A  E  C  Z  N  B
J  L  E  I  F  E  Y  X  G  O  T  E  A  L  S  H
W  A  I  Y  O  X  D  K  X  F  O  V  G  X  W  U
C  M  T  I  H  P  G  V  M  F  O  L  I  O  M  X
```

FLORO	FOLIOJ
BOTANIKO	HOSO
BUKEDO	FOLIO
KLIMATO	HUMIDO
KOMPOSTO	SEZONA
UJO	SEMOJ
MALPURAĴO	TRULO
MANĜEBLA	SPECIO
EKZOTA	AKVO
FLORA	

43 - Herbalism

```
A  L  I  T  U  F  R  I  E  P  Y  Z  A  X  P  V
E  R  F  L  O  R  O  L  J  A  T  O  T  S  U  G
P  A  O  N  A  R  F  A  S  X  I  D  S  E  R  F
Y  E  L  M  G  U  M  M  X  J  V  N  E  X  V  C
D  W  T  A  A  Y  D  H  C  D  D  E  Q  J  N  Ĝ
G  A  F  R  I  J  I  P  J  G  M  V  R  H  O  A
C  M  O  A  O  M  O  R  O  Ĝ  R  A  M  D  G  R
Y  H  B  N  L  S  B  V  K  O  Z  L  Q  U  A  D
Y  H  V  I  I  I  E  O  R  O  M  X  T  F  R  E
U  W  L  L  Z  H  O  L  O  C  Q  R  F  U  R  N
D  Q  Y  U  A  G  Q  O  O  F  K  O  M  R  A  O
V  N  G  K  B  S  S  K  L  L  O  M  E  W  T  R
O  R  I  G  A  N  O  N  A  D  A  E  N  Q  V  X
I  N  G  R  E  D  I  E  N  C  O  R  T  Y  W  E
P  L  A  N  T  O  W  F  M  X  Z  O  O  O  C  P
K  W  W  J  I  W  E  Q  G  Z  Y  G  C  Q  V  A
```

AROMAJ	INGREDIENCO
BAZILO	LAVENDO
UTILA	MARĜOROMO
KULINARA	MENTO
FENKOLO	ORIGANO
GUSTO	PETROSELO
FLORO	PLANTO
ĜARDENO	ROMERO
AJLO	SAFRANO
VERDA	TARRAGON

44 - Vehicles

```
F U S R V A O C P C C P O C X H
K L B H X M Z Z H P E R Y R K E
Q X O A X B P C O N O I M A K L
D L T S Z U R X A B V M N K S I
T O Ŭ G O L A V R M R O B E D K
Y R A T M A M G V A D E O T J O
X R A R L N O I S K A T A O M P
R N O C D C M E T R O O T D O T
X L R U T O X O P J I J O J T E
B I G T Z O A V I A D I L O O R
M I G T B P R E K D C P N Ŭ R O
I C C G G C W U Z I F H Y E O R
C I K I S K O T E R O G Y N X T
X Z S K K W U P S I O R U P Y T
B K Y H X L K A R A V A N O F B
B U S O Y W O P I Ŝ R A M B U S
```

AVIADILO
AMBULANCO
BICIKLO
BOATO
BUSO
AŬTO
KARAVANO
PRIMO
HELIKOPTERO
MOTORO

FLOSO
RAKETO
SKOTERO
PRAMO
SUBMARŜIPO
METROO
TAKSIO
PNEŬOJ
TRACTOR
KAMIONO

45 - Health and Wellness #1

```
T A O T U O M I T U K J U J M D
N E L Z W S M A L S A T O C A K
D E R T B T I H K L R X H S L T
O W R A O O S K E L F E R Z S Z
D R K V P J O N O M R O H H T B
R E L I O I R V I R U S O W R N
J M I T N J O I R E T K A B E S
F E N K I J T X O V A R A I Ĉ X
E S I A C O K X R K S E P J I H
F X K E I L O Z U M S L O I Ĝ X
W E O Z D O D A T K A R T H O U
U P U D E K T C K Q L S E P I T
P T J M M S I J A W U U K R N L
O H P B N U T O R D A Z O O C L
D I O H Y M V L F G D I F P M H
G H M Q W O H A T O Z K C G E N
```

AKTIVA
BAKTERIOJ
OSTOJ
KLINIKO
DOKTORO
FRAKTURO
KUTIMO
ALTO
HORMONOJ
MALSATO

MEDICINO
MUSKOLOJ
NERVOJ
APOTEKO
REFLEKSO
MALSTREĈIĜO
TERAPIO
TRAKTADO
VIRUSO

46 - Town

```
P R Y K J W E Q E E T P B U U B
Y Y W M N N T K H O T E L O B A
P A M E R K A T O T Z O O A Z K
K L I N I K O O K S K P U K G E
T E A T R O E T J I H H A M W J
K I N O T A T I S R E V I N U O
A Z Q H C C K V L O G K J S C J
H P I R U V M E I L A R W M S E
V I O J V S B N B F L V Z D I N
L N E T Y I O D R Z E Z Z B S R
C J Z D E O N E E P R Y V Z W E
K N U Y P K B J J Z O G M L F L
J X M C I N O O O S T A D I O P
F L U G H A V E N O P R C D I D
S U P E R B A Z A R O G S V S M
B I B L I O T E K O G Z V P H F
```

FLUGHAVENO
BAKEJO
BANKO
LIBREJO
KINO
KLINIKO
FLORISTO
GALERO
HOTELO
BIBLIOTEKO

MERKATO
MUZEO
APOTEKO
LERNEJO
STADIO
VENDEJO
SUPERBAZARO
TEATRO
UNIVERSITATO
ZOO

47 - Antarctica

```
D N P X J G O L U S N I N E P L
P F Z L X C L V J S U D Y K A K
R G V G A W V A Z Z B K P D T O
C B B L I L R E Ĉ J O D R I B V
E X P E D I C I O E J A A B J O
T O P O G R A F I O R J K H H D
W P O E L L D S V M E O J A B A
G F Y D S X Z J C V C L J R Z R
Q U Z K C P O F Z I M U L O U G
G L A C I O L V Q I E S N C H I
E O I F A R G O E G Z N Q K S M
S T N J Q F S V R I D I C Y C J
P C O X U V J K A I D T F A S Z
K O N S E R V A D O S H J P Z K
M E D I O O T N E N I T N O K A
T E M P E R A T U R O P O B E F
```

BAJO
BIRDOJ
NUBOJ
KONSERVADO
KONTINENTO
KOVO
MEDIO
EXPEDICIO
GEOGRAFIO
GLAĈEROJ

GLACIO
INSULOJ
MIGRADO
PENINSULO
ESPLORISTO
ROCKY
SCIENCA
TEMPERATURO
TOPOGRAFIO
AKVO

48 - Ballet

```
E Y K F O L I T S A J F I G S I
S O I F A R G E R O K R J R P Z
P K R H J O K I T K A R P A E Z
R I T I O G H E P O A A R C K J
I Z W P T Z R I S H S Q O I T U
M U C Y U M G J Q T G B V A A A
A M C B O D O T E G R P O A N R
N A C O M O M X J L U O T P T T
B T Q O Z J U F P D M Z S L A A
M U S K O L O J G V X A I A R C
S I H U T T I X H H R S N Ŭ O W
Q M J I S Y R F Y L O R O D J X
G L O C E S N E T N I K P O C Y
E F T F G C V V L D Z A M J P E
D A N C I S T O J I R O O H R P
T E K N I K O V X O Y I K C C B
```

APLAŬDOJ
ARTA
SPEKTANTARO
KOREGRAFIO
KOMPONISTO
DANCISTOJ
ESPRIMA
GESTO
GRACIA
INTENSECO

MUSKOLOJ
MUZIKO
ORKESTRO
PRAKTIKO
PROVO
RITMO
LERTO
STILO
TEKNIKO

49 - Fashion

```
S P G Z F K V Z Y O D P L U T T
T K J H Q N B V W Z Z N S L N E
E U E U S H S I S Y J G D P E K
N U H M Q Z I C B R O M A D O S
D K X W O Q M V Y I N M L S Q T
E D B I F Z P Y M X O U A T X U
N U R P I J L V E S T O N I R R
C A K I T K A R P W U D I L J O
O U O I C B N T Y W B A G O E I
J B S R B G R V N R O R I C H B
Q B T X R I E D Q A W U R P O G
J U A T S E D O M Q G Z O M B Z
E U Q I T U O B X S T E M J A O
I Q T B S Y M E N G S M L Q B F
K O M F O R T A P U N T O E L T
M I N I M A L I S T A U W Q P H
```

BOUTIQUE
BUTONOJ
VESTO
KOMFORTA
ELEGANTA
BROMADO
KOSTA
TIFO
PUNTO
MEZURADO

MINIMALISTA
MODERNA
MODESTA
ORIGINALA
SKEMO
PRAKTIKA
SIMPLA
STILO
TEKSTURO
TENDENCO

50 - Human Body

```
X  F  E  S  Z  J  I  H  G  G  D  N  U  D  F  R
V  V  H  X  V  P  O  S  T  O  J  N  T  W  I  X
J  W  K  J  Q  I  Z  G  Z  Ĝ  L  P  J  K  N  N
N  M  L  C  K  O  A  S  J  A  U  E  Z  O  G  K
Q  F  C  G  N  R  N  L  Q  Z  W  F  R  R  R  O
X  O  F  K  N  T  U  G  O  I  J  S  F  O  O  Z
M  A  L  E  O  L  O  R  R  V  H  M  H  N  U  H
M  U  E  W  G  U  Y  Z  O  B  R  E  C  O  N  S
I  A  F  M  N  Ŝ  M  A  K  Z  E  L  O  T  E  Q
J  C  N  O  A  Z  A  H  G  Q  P  K  Ŝ  N  G  R
I  T  V  O  S  D  H  X  K  B  O  I  U  E  I  M
X  W  M  K  A  Z  B  I  N  X  K  P  B  M  F  K
D  B  S  K  O  L  O  T  A  H  A  S  T  X  H  Z
N  O  I  B  J  W  H  K  Z  V  P  H  D  H  M  X
P  Z  G  E  H  Y  I  C  J  L  O  N  M  I  D  K
K  U  B  U  T  O  V  C  O  L  J  G  O  O  R  H
```

MALEOLO	KAPO
SANGO	KORO
OSTOJ	MAKZELO
CERBO	GENUO
MENTONO	KRURO
ORELO	BUŜO
KUBUTO	KOLO
VIZAĜO	NAZO
FINGRO	ŜULTRO
MANO	

51 - Fruit

```
W K E C B G X B Y Y R R Q E X Z
O O O N I R A T K E N I W H C Z
F K B S U T C Q O O N A N A B Y
F O M N U J R T R D D J I K X D
X S A F X I P O V A V U G M P M
W O R N L R P G N K K U Q E I K
Y K F C A Z J I S O I P H D R P
T I W X S N R F C V V V T K O R
U S C S F Z A Z J A O D O K Z B
Q R F Y M R O S N J N V Z A I E
C E K L P B M D O N O J N J R Z
H P E G Q S V E F R L O X T E D
Q O A B R I K O T O E Q W H Ĉ F
Y G U K M R V E Z Y M B Y B C G
V I N B E R O K T M A N G O L O
L N H Q F P A P A J O M O P M Y
```

POMO	KIVO
ABRIKOTO	CITRONO
AVOKADO	MANGO
BANANO	MELONO
BERO	NEKTARINO
ĈERIZO	PAPAJO
KOKOSO	PERSIKO
FIGO	PIRO
VINBERO	ANANASO
GUVAVO	FRAMBO

52 - Engineering

```
R  K  A  E  M  V  M  V  R  R  W  A  A  H  C  D
U  R  K  C  F  E  N  Z  S  Y  A  R  R  W  E  I
A  Q  S  V  B  L  Z  B  A  D  U  B  H  J  H  S
W  N  O  H  G  O  L  U  K  L  A  K  W  L  X  T
D  I  Z  F  P  U  F  D  R  T  X  V  T  E  R  R
P  B  C  E  V  R  R  O  E  A  U  C  K  V  H  I
M  O  T  O  R  O  O  Y  A  S  D  U  K  I  O  B
A  N  G  U  L  O  R  F  X  D  K  O  D  L  L  U
J  F  P  F  K  C  M  B  U  V  C  D  G  O  E  O
I  O  I  G  R  E  N  E  C  N  Y  A  V  J  Z  T
C  R  K  O  N  S  T  R  U  O  D  T  L  O  E  B
H  T  D  I  A  M  E  T  R  O  F  O  R  R  D  J
P  O  N  I  Ŝ  A  M  F  O  M  A  R  G  A  I  D
S  T  A  B  I  L  E  C  O  E  B  F  H  L  Q  J
S  T  R  U  K  T  U  R  O  X  E  J  A  I  I  K
V  S  V  Y  K  F  A  I  P  S  G  T  F  N  Z  X
```

ANGULO	FROTADO
AKSO	ILAROJ
KALKULO	LEVILOJ
KONSTRUO	LIKVA
PROFUNDO	MAŜINO
DIAGRAMO	MEZURADO
DIAMETRO	MOTORO
DEZELO	STABILECO
DISTRIBUO	FORTO
ENERGIO	STRUKTURO

53 - Kitchen

```
Z G U M H O L B F R O S T U J O
K X T W M N W P U E K S P E C N
H Y G I Y Y M X T Ŝ U P H K S O
C H O P S T I C K S T I R S I R
Y B Z E I R Y B M V Ŭ U V F Ĉ D
U N A F M B I J Y Q A O K F E L
Y X V B T W C C Y B T E R O R A
X T H X A A T N R Q N W S Ĉ P K
B S X R Z A S U N E A F P U I S
M A Ĝ O L V O B P C B X R L P
D H D U J F L N J R J E M K O E
Q T F C U J O R E L U K P B F C
B A E Y D K J O K R O F F T Z O
V Q C V I E X F F G R I L O O J
V P Y I R T R A N Ĉ I L O J E R
A L S Z F S P O N G O N M V N B
```

ANTAŬTUKO	KALDRONO
BOVLO	TRANĈILOJ
CHOPSTICKS	ĈERPILO
TASOJ	BUŜTUKO
MANĜO	FORNO
FORKOJ	RECEPTO
FROSTUJO	FRIDUJO
GRILO	SPECOJ
VAZO	SPONGO
KRUĈO	KULEROJ

54 - Government

```
F  K  A  O  P  O  D  A  L  O  R  A  P  O  X  D
L  O  E  T  A  K  H  I  R  T  Z  K  V  V  O  O
Y  N  D  N  C  O  V  V  S  A  L  I  V  I  C  J
M  S  E  E  A  I  O  K  I  T  I  L  O  P  E  G
Q  T  J  M  M  L  M  Z  E  S  R  A  V  O  L  V
F  I  L  U  R  O  Ĝ  E  L  N  N  I  K  N  A  I
O  T  C  N  C  C  K  O  J  I  A  A  K  A  G  D
C  U  M  O  V  E  D  R  B  J  Q  H  C  T  E  A
E  C  L  M  Y  T  I  D  A  S  A  N  Y  I  O  N
R  I  N  D  S  S  V  M  H  T  Z  N  C  V  O  T
E  O  U  G  H  U  E  G  K  Y  I  L  D  I  T  O
B  M  Z  W  L  J  A  Ĝ  U  J  Z  O  T  C  U  R
I  N  D  E  P  E  N  D  E  N  C  E  W  F  K  T
L  S  I  M  B  O  L  O  K  V  W  R  A  V  S  W
Y  F  N  S  V  L  X  I  N  H  I  L  W  X  I  C
S  N  P  F  Q  G  P  L  S  R  O  S  O  K  D  R
```

CIVITANO	LEĜO
CIVILA	GVIDANTO
KONSTITUCIO	LIBERECO
DEMOKRATIO	MONUMENTO
DISKUTO	NACIO
DISTRIKTO	PACA
EGALECO	POLITIKO
INDEPENDENCE	PAROLADO
JUĜAJ	STATO
JUSTECO	SIMBOLO

55 - Art Supplies

```
K V O R E P A P P T G S B K A N
O G K Q R D M Z A T D E R T N M
L W N U A N E G S S T Ĝ O V K A
O U I R S O J G T M J O S E S A
R E D W E I D J E R T K O B A K
O G L A R I K A L W T B J G K V
J R I O Z M D U O B R A K R R A
O A D E O F S H J V Q J X E I R
N T E B S U W W W M A O O R L E
O Q O L I T O F G Q D E R D I L
J U J Y Z A A M O Q F G R D K O
A R G I L O C B W U E B V K O J
R V Y Q C J V Z L B K R I Y L U
K Z A W K D U K B O U L G H B Z
Z Z X C P S J Y K S Z J T D A E
H C I K Q W I T I Y D O X A T Z
```

AKRILIKO	GLUO
BROSOJ	IDEOJ
FOTILO	INKO
SEĜO	OLEO
KARBO	PAPERO
ARGILO	PASTELOJ
KOLOROJ	KRAJONOJ
KREAVO	TABLO
ESTABLO	AKVO
ERASER	AKVARELOJ

56 - Science Fiction

```
T S L Z F L Q O D Q Y D Y R A E
P E R V J P B N X C D H S Z K K
H H K H Z U L L A V X V O I B S
B Y H N G U A R E T S I M D T T
L Y M Q O W S D X U U S Y E C R
J O R B I L J J N V T P R H U E
F D N N P N O O P I L U Z I O M
P N T N O J N G V N R M W V D A
Y O D Z T M A R I W Z I P B O M
I M C T U Y M E O O P H M C L O
F A J R O V O F D B Q J N P P T
I M A G A I R S E K O D I B S A
D I S T O P I O N I T T X F K P
F U T U R I S T A N B O O D E C
G A L A K S I O L O S Z A J Y P
O R A K O L O Q P F V T V S U J
```

ATOMA
LIBROJ
KINO
DISTOPIO
EKSPLODO
EKSTREMA
MIRINDA
FAJRO
FUTURISTA
GALAKSIO

ILUZIO
IMAGA
MISTERA
ROMANOJ
ORAKOLO
PLANEDO
ROBOTOJ
TEKNOLOGIO
UTOPIO
MONDO

57 - Geometry

```
Y P B D T E O R I O Z S K G P K
X L V O I C A V K E M U T S R N
E Y O B I M O N Q O Q R V K O A
G S I H N Z E N A E G F S D P B
T A G O Y O X N R U T A D R O V
O L E A D L P W S N B C L A R L
D A O V N U R D T I N O U O C Q
E T L O P G U U E L O S A M I G
U N U T T N U O G G I W N E O Q
J O K N O A I L U B R K X Y K K
D Z L E T I S E O R T E M A I D
J I A M Z R F L B Z E V A Z G D
O R K G P T Y A R H M V W C O W
L O R E M U N R U W I N S K L W
J H H S Q Y L A K E S T O J K O
M E D I A N O P R I C I R K L O
```

ANGULO
KALKULO
CIRKLO
KURBO
DIAMETRO
DIMENSIO
EKVACIO
ALTO
HORIZONTALA
LOGIKO

MASO
MEDIANO
NUMERO
PARALELO
PROPORCIO
SEGMENTO
SURFACO
SIMETRIO
TEORIO
TRIANGULO

58 - Creativity

```
U  I  L  P  H  Q  R  T  N  L  W  Q  K  I  L  Q
S  D  L  T  N  P  R  B  J  I  I  A  C  N  Y  L
E  E  E  S  P  R  I  M  O  N  O  W  V  V  Z  G
N  O  R  I  P  S  N  I  A  T  R  A  Y  E  U  A
T  J  V  Q  L  N  V  G  X  E  R  D  H  N  E  Ŭ
O  V  O  P  G  A  M  I  E  N  T  E  S  T  V  T
L  T  B  T  J  M  V  U  M  S  Y  A  L  A  I  E
S  P  O  N  T  A  N  E  A  E  O  P  N  Y  Z  N
N  E  S  C  V  R  I  H  J  C  O  K  G  M  I  T
A  Q  E  W  E  D  L  S  T  O  D  L  I  B  O  I
W  O  R  W  Y  U  J  O  J  J  I  H  G  L  J  K
C  R  P  R  V  G  L  A  H  B  J  C  V  G  T  E
D  H  M  L  W  G  B  F  T  F  J  S  O  N  Q  C
S  D  I  K  L  A  R  E  C  O  S  Z  L  M  H  O
I  N  T  U  I  C  I  O  G  N  R  E  K  F  E  E
V  I  G  L  E  C  O  O  N  W  T  Y  E  Y  O  E
```

ARTA	IMPRESO
AŬTENTIKECO	INSPIRO
KLARECO	INTENSECO
DRAMAN	INTUICIO
EMOCIOJ	INVENTA
ESPRIMO	SENTO
FLUECO	LERTO
IDEOJ	SPONTANEA
BILDO	VIZIOJ
IMAGPOVO	VIGLECO

59 - Airplanes

```
R  I  G  D  V  X  G  P  A  A  K  S  F  J  S  B
A  T  D  M  I  S  T  O  D  U  O  U  I  K  D  C
S  J  G  A  D  R  H  X  U  C  N  R  M  X  Z  O
F  U  P  I  M  M  E  K  V  O  S  T  H  S  W  D
H  Y  O  O  G  T  A  K  L  H  T  E  I  P  Q  K
A  E  A  L  T  E  C  O  T  N  R  R  D  Q  E  G
T  T  L  H  D  Z  G  T  P  O  U  I  R  O  J  L
M  U  M  I  J  Y  B  L  C  I  O  Ĝ  O  R  E  A
O  R  S  P  C  O  K  A  M  H  K  O  G  U  P  B
S  B  G  R  J  O  R  O  T  O  M  S  E  T  A  F
F  U  S  I  P  N  J  Ĉ  I  E  L  O  N  N  S  M
E  L  E  W  I  O  N  E  V  E  D  L  O  E  A  G
R  E  P  N  L  L  O  V  E  B  E  E  H  V  Ĝ  R
O  C  A  U  O  A  B  M  Z  U  Y  U  H  A  E  O
A  O  F  F  T  B  F  E  P  N  B  F  I  C  R  L
L  C  O  G  O  I  R  O  T  S  I  H  B  Y  O  P
```

AVENTURO
AERO
ALTECO
ATMOSFERO
BALONO
KONSTRUO
SKIPO
DEVENO
DIREKTO
MOTORO

FUELO
ALTO
HISTORIO
HIDROGENO
SURTERIĜO
PASAĜERO
PILOTO
HELICOJ
ĈIELO
TURBULECO

60 - Ocean

```
P  V  U  Ŝ  T  T  T  M  O  V  Z  I  U  Ŝ  W  J
O  Y  Y  A  A  Y  S  F  F  N  P  X  Y  T  X  V
M  O  S  R  M  J  E  A  I  R  D  Y  V  O  S  S
N  H  U  K  Q  M  Z  Z  R  J  Z  O  D  R  A  Q
B  J  U  O  L  A  R  O  K  O  F  I  J  M  S  O
S  J  Y  N  O  N  E  L  A  B  G  H  S  O  S  O
P  W  U  E  S  A  L  I  K  O  K  O  R  L  T  V
O  E  G  F  U  K  O  G  P  P  V  T  G  T  D  O
N  D  T  L  N  F  C  N  B  L  S  Q  Z  L  B  S
G  Y  B  E  I  I  A  A  M  O  M  K  O  E  A  T
O  U  V  D  T  Ŝ  F  L  C  P  B  R  D  R  X  R
I  N  S  Y  Z  O  F  H  G  D  Q  A  U  Q  Q  O
M  E  D  U  Z  O  J  L  E  O  V  B  T  J  F  F
Q  A  O  I  L  F  Y  G  B  A  J  O  S  A  L  O
C  Y  B  N  U  P  E  E  K  U  D  W  E  I  I  M
B  W  B  H  C  A  X  P  A  C  B  V  T  S  J  B
```

ALGOJ	SALO
KORALO	ALGO
KRABO	ŜARKO
DELFENO	SALIKOKO
ANGILO	SPONGO
FIŜO	ŜTORMO
MEDUZOJ	TINUSO
POLPO	TESTUDO
OSTRO	ONDOJ
RIFO	BALENO

61 - Force and Gravity

```
P A O M I D P A T O E Z X Y I O
W L M X U I L K Z Y X L T D F H
L A S F O N A S C T J G K E N O
P S I R E A N O R T N E C O L E
E R T O Y M E D U J D D X V V B
X E E R M I D I B X E C O O N O
P V N M B K O P K V Z J A M V X
A I G Q O A J A O C N A T S I D
N N A Z K I L R K T F H Z T B E
S U M V I R A R I F I Q E E P W
O Y T X F J E O Z U Y B A M E F
M K H S E O S J I J P E R P Z E
M E K A N I K O F V L L A O O L
K B C X V T P R O P R A Ĵ O J W
X L Y N N Z R B S F O D G U M E
O F R O T A D O W K D Q B S M E
```

AKSO	MOVO
CENTRO	ORBITO
ELKOVO	FIZIKO
DISTANCO	PLANEDOJ
DINAMIKA	PREMO
EXPANSO	PROPRAĴOJ
FROTADO	RAPIDO
EFIKO	TEMPO
MAGNETISMO	UNIVERSALA
MEKANIKO	PEZO

62 - Birds

```
K Z U Z R A F P P E L I K A N O
O E E Y O S A W I E O R E S A P
R Z E Y W E W Y H N L G A U V F
V E H F D V C Y D T G F J B D B
O N I M E V O E D R A V O V O V
V R O T C T G Z N N Z U E E Q P
C S Z T H O N Q A D D W J N B A
K I H G G U I U E X E F G R O P
C K K X V C M Y M W K C A D R A
I A X O G A A U P B U Y A E G
G N D S N N L Q S A Z C L N S O
N A B E O I F P T V I Y I A N D
O R Y E G O O E R O W E W S A I
F I K N I Y I U U U C Y O A K
N A J R P Y C E T V S I D W N O
Y M G A T V H E O L O K U K Q K
```

KANARIA
KOKIDO
KORVO
KUKOLO
ANASO
AGLO
OVO
FLAMINGO
ANSERO
MEVO

ARDEO
STRUTO
PAPAGO
PAVO
PELIKANO
PINGVENO
PASERO
CIKONIO
CIGNO
TOUCAN

63 - Nutrition

```
K  U  T  I  M  O  J  A  Q  E  R  O  P  J  R  R
H  P  D  N  E  T  T  C  R  U  W  M  M  D  X
K  F  U  M  M  S  Z  I  W  M  C  Z  O  F  I  G
J  A  A  W  A  E  P  H  L  U  P  B  G  N  A  A
A  F  V  S  N  G  N  R  T  A  B  G  I  I  M  R
Y  X  V  B  Ĝ  I  F  A  P  Z  V  T  A  Z  A  B
S  A  N  O  E  D  T  U  S  M  D  K  N  Q  R  I
H  L  W  C  B  C  N  Y  T  U  C  B  A  B  A  L
T  Y  O  Ŭ  L  E  Z  R  F  D  O  T  S  U  G  I
T  O  V  A  A  O  N  I  M  A  T  I  V  Z  X  V
C  T  K  S  D  A  N  W  J  O  I  R  O  L  A  K
P  E  J  S  W  I  M  U  C  W  T  R  C  I  S  E
X  I  H  A  I  O  D  A  T  N  E  M  R  E  F  B
B  D  R  Z  C  N  G  J  X  R  P  Q  L  H  N  N
E  E  Q  D  P  C  O  J  O  Ĵ  A  V  K  I  L  D
N  P  R  O  T  E  I  N  O  J  P  O  Z  E  P  R
```

APETITO
EKVILIBRA
AMARA
KALORIOJ
DIETO
DIGESTO
MANĜEBLA
FERMENTADO
GUSTO
KUTIMOJ

SANO
SANA
LIKVAĴOJ
PROTEINOJ
KVALITO
SAŬCO
TOKSINO
VITAMINO
PEZO

64 - Hiking

```
Q N A E E O Q W Z M H D M O N G
L A C A M R O A K D G D O K Q V
T Z I T Y Q R K B L F X N N V I
W Z M K R M X V B D I M T W O D
E P A R K O J O O S E F O H M I
W J U I L Ĝ U T T A E C O K A L
I U A R A I Y E O R A P E R P O
Q K I U G T K N J O T S E B O J
E S U N O N P D O T V E T E R O
X E J G J E E U N A Ĝ A V O S V
R Y U G V I Z M O M N J C V S G
P U N T O R A A T I A Z Y F V Q
D K H Y U O K D Ŝ L T N I P H I
Y O J Y I B J O K K U Z V B S X
W Z S C U N R I X C R J V G B T
I I Z Z X A L Q L H O F K U R U
```

BESTOJ	ORIENTIĜO
BOTOJ	PARKOJ
TENDUMADO	PREPARO
KLIFO	ŜTONOJ
KLIMATO	PUNTO
GVIDILOJ	SUNO
PEZA	LACA
MAPO	AKVO
MONTO	VETERO
NATURO	SOVAĜA

65 - Professions #1

```
A P A E Q B Z V F J R N O R L Y
I S S D O T S I N J E R T Z T X
F A T I V M V A V Y D O S A U Z
U M K R K O R O L J A T I N U Y
M B A E O O K S M E K S S O A J
U A R U G N L A I M T I A U O Q
Z S T Z O Q O O T B O R Ĉ T T F
I A O E L O R M G O R A P J S M
K D G U O S O F O O O M Y K I V
I O R P E Q T O T S I B M U L P
S R A U G H K I S L T B E S E X
T O F Z P R O M I Q Z A U Y V O
O O O E V K D Z N U B N S L U D
Q N O T S I K N A B Z I A F J H
V X Q Y X O T S I C N A D N R A
A A U Y J J I X P O B E Z D E D
```

AMBASADORO
ASTRONOMO
ADVOKATO
BANKISTO
KARTOGRAFO
TREJNISTO
DANCISTO
DOKTORO
REDAKTORO

GEOLOGO
ĈASISTO
JUVELISTO
MUZIKISTO
PIANISTO
PLUMBISTO
PSIKOLOGO
MARISTO
TAJLORO

66 - Barbecues

```
M I E P P D V D K H T F E H C B
U A I Z L O A E T Q P J A L J N
N O L T L W R K O M A N Ĝ O O R
H G K S S U M F M K G U T C L K
F J O D A L A S A B I Y I Ŭ I F
Q V S H Y T D J T F G Z P A Ĉ W
A K Z B R J O M O G E L U S N L
V D U K D U D U J J O K I M A K
L H Y J W C I S O E S O M E R O
Z L U D O J K O N W Y I L V T T
N I D I M J O L A S L L N I P W
P F B R B P B K N F B C F L K R B
F A M I L I O N N E H C R H P G
R Q C K W A C W I F R U K T O J
V E S P E R M A N Ĝ O A V F Y Q
L V M O S F O R K O J V F D Y J
```

KOKIDO
INFANOJ
VESPERMANĜO
FAMILIO
MANĜO
FORKOJ
AMIKOJ
FRUKTO
LUDOJ
GRILO

VARMA
MALSATO
TRANĈILOJ
MUZIKO
SALADOJ
SALO
SAŬCO
SOMERO
TOMATOJ
LEGOMOJ

67 - Vegetables

```
R  K  B  Z  W  Q  N  O  H  C  J  W  L  T  H  H
A  U  R  P  E  T  R  O  S  E  L  O  P  E  C  Q
P  K  O  M  A  O  F  I  T  C  G  T  D  H  N  Z
O  U  K  U  R  L  L  R  R  O  C  A  N  I  P  S
J  R  O  P  T  L  O  E  A  S  R  L  R  T  P  I
S  B  L  I  I  A  R  L  F  G  E  A  N  U  N  R
A  O  O  Z  Ŝ  H  B  E  A  I  H  S  K  X  P  G
M  J  C  O  O  S  R  C  N  M  E  L  A  N  Z  O
E  G  L  U  K  X  A  H  O  G  N  U  F  Q  N  M
Q  Q  G  O  O  K  S  F  O  U  M  O  X  V  C  U
T  Z  O  T  U  B  I  U  R  R  N  U  H  Z  I  K
X  F  V  A  X  O  K  P  O  P  Z  B  G  F  O  U
X  A  T  M  S  F  O  R  B  I  G  N  I  Z  A  K
U  M  N  O  M  W  O  G  M  N  R  A  F  V  Y  W
S  B  E  T  P  Q  C  Y  L  N  K  P  X  R  F  R
U  P  H  Z  D  S  J  I  C  P  P  I  W  I  B  V
```

ARTIŜOKO	CEPO
BROKOLO	PETROSELO
KAROTO	PIZO
FLORBRASIKO	KUKURBO
CELERIO	RAFANO
KUKUMO	SALATO
MELANZO	SHALLOT
AJLO	SPINACO
ZINGIBRO	TOMATO
FUNGO	RAPO

68 - The Media

```
I N T E L E K T A H O T E R Z X
K J O T K A F R C Q K P I I Q C
O B N E T Z L E K I U T I P C E
M L O R I Q N V V G D G R N X P
E O D R L D A U X E E Z R C I P
R K L O V T Y O G A Z E T O J O
C A E K R B J J K O M U N I K O
A I N D I V I D U O I D A R V D
P N M Q F O Z H A R L V P T J A
O U J J L U K W M O L H A S W C
A A B K O G W I O F I R K U T N
C K F L V O X K Q Z Y F U D M A
T S P O I S I N T E N O J N B N
A H I F T K N B Z W E W C I R I
E S D K F O O L A T I G I D N F
Z X C A B B J A V I R G H P E J
```

SINTENOJ

KOMERCA

KOMUNIKO

DIGITALO

ELDONO

EDUKO

FAKTOJ

FINANCADO

INDIVIDUO

INDUSTRIO

INTELEKTA

LOKA

REVUOJ

RETO

GAZETOJ

RETE

OPINIO

FOTOJ

PUBLIKO

RADIO

69 - Boats

```
N S A V B O A T O N Z X P V B R
A J A Ĉ T O G J S O H T B D N U
Ŭ Y Y H B Q N N P R I M O R A M
T I J E A U W D P E I J P F M A
I N V H J X G C E V V O I U F P
K J S T Q D M M A I M B Ŝ T W B
A T S V I S F A E R Y O L K B K
L O Y O T I W R C H M H E M G J
V A S K I P O I B U O V V T K M
P P G K X Z B S W K K R S V A G
O A M O W A K T F S M I W O N O
Z N H R I N A O O L D C J R U P
J K D U T R J S R G O O E O O R
I R N N A K A R J G B S K T J A
S O R Ŝ R S K W R O Z C O O B R
O C E A N O O T S A M R S M F M
```

ANKRO
BUO
KANUO
SKIPO
DOKO
MOTORO
PRIMO
KAJAKO
LAGO
SAVBOATO

MASTO
NAŬTIKA
OCEANO
FLOSO
RIVERO
ŜNURO
VELŜIPO
MARISTO
MARO
JAĈTO

70 - Driving

```
N F E A Z D D P I M F O G S B I
S E K U R E C O E X A T J U R W
O X L V M H B P M R M M R R E T
W Q T D O Y M A H P M S Z K M O
G X L R Ĝ M X M V I K E B O S Z
T B V R A R Y K O E A F S W O P
M Y G Q R F T H J D M P B I J V
O D I P A R I R O I I A I L L S
T T G I G E F K Q R O K N H U O
O X Ŭ G V G D S O A N C Y R R C
R R X A Y Y O T X N O I U N P I
C D A N Ĝ E R O K T A D G F S L
I O I V U K O A C O L E N U T O
K Y Y B S J F B E R O N S E T P
L G A Z O M O T O R O T S L O G
O Q C B Z F Ŝ C H C D O C O H B
```

AKCIDENTO	MOTORO
BREMSOJ	MOTORCIKLO
AŬTO	PIEDIRANTO
DANĜERO	POLICO
ŜOFORO	VOJO
FUELO	SEKURECO
GARAĜO	RAPIDO
GAZO	TRAFIKO
PERMESILO	KAMIONO
MAPO	TUNELO

71 - Biology

```
D H O R M O N O N A T U R A F M
E M L W R F Z V V N B N Ĉ F O D
F U U A E S H O I K P K E T T C
E T M E P R D S M A H F L H O N
N A A P T U M J S H H O B S N
Z T M T I T N P P Y O B K S I E
I I N B L K R O M O S O M O N R
M O O K I B A K T E R I O J T V
O C Z O O N O R U E N S M O E O
E V O L U O C O L L A G E N Z I
S I I C S P H V N Z Y Q Q I O M
P Z B V F V Q O N R W Z L E L O
A F M P G N R Z B T O Y W T O T
N O I E M B R I O T C Y W O Z A
Y F S S P W Q Y I I Z B Y R Z N
S B G J P I Q V H X A I Y P G A
```

ANATOMIO
BAKTERIOJ
ĈELO
KROMOSOMO
COLLAGEN
EMBRIO
ENZIMO
EVOLUO
HORMONO
MAMULO

MUTATIO
NATURA
NERVO
NEURONO
OSMOZO
FOTOSINTEZO
PROTEINO
REPTILIO
SIMBIOZO
SYNAPSE

72 - Professions #2

```
Ĝ  A  R  D  E  N  I  S  T  O  R  U  T  L  U  K
D  E  N  T  I  S  T  O  T  S  I  C  A  R  U  K
I  N  S  T  R  U  I  S  T  O  G  O  L  O  O  Z
W  J  X  Q  Y  P  E  Z  B  L  U  Z  A  D  H  J
K  O  H  F  Y  R  X  Y  D  V  R  V  U  B  C  X
O  T  S  I  R  T  S  U  L  I  D  F  R  R  P  A
G  S  J  L  V  R  E  O  V  I  T  K  E  T  E  D
R  I  T  O  Q  L  O  T  S  I  L  A  N  R  U  Ĵ
U  V  V  Z  D  I  D  S  Z  F  O  T  I  S  T  O
R  G  S  O  O  R  E  I  N  E  Ĝ  N  I  P  W  G
I  N  Y  F  F  B  K  R  G  K  I  S  R  I  B  O
K  I  V  O  T  N  I  T  N  E  V  N  I  L  R  L
J  L  X  C  X  N  F  N  Z  Z  Q  X  D  O  S  O
B  I  B  L  I  O  T  E  C  A  R  I  O  T  D  I
Y  C  E  H  D  Z  L  P  A  N  Q  Z  H  O  U  B
Z  F  Y  H  A  S  T  R  O  N  A  Ŭ  T  O  S  B
```

ASTRONAŬTO	BIBLIOTECARIO
BIOLOGO	LINGVISTO
DENTISTO	PENTRISTO
DETEKTIVO	FILOZOFO
INĜENIERO	FOTISTO
KULTURO	KURACISTO
ĜARDENISTO	PILOTO
ILUSTRISTO	KIRURGO
INVENTINTO	INSTRUISTO
ĴURNALISTO	ZOOLOGO

73 - Mythology

```
O R T S N O M Ĵ R X P D S S L P
F K O N D U T O A W H I B E A N
O P D Y C Q S P T L U O F N B B
R J N W T L A I R K U J F M I B
T R E D F N R T O K J Z J O R K
S F G J K P Y E M E Z X O R I F
A F E M H X O K M Q E E D T N L
T N L D K R H R K W I F E E T C
A V E N Ĝ O U A X J U V R C O U
K E N W X N V E K M P B K O X V
Y R F I H C M E S R A E F T T W
K E E P E V S W M B S X C I O L
O D N O R U T L U K E I I L N A
K C O K O M L U F W G S S I D O
P T V R O L E I Ĉ Y E I T M R D
Y C Q P Y S L N V O L Y X O O Y
```

ARKETIPO

KONDUTO

KREDOJ

KREO

BESTO

KULTURO

DIOJ

KATASTROFO

ĈIELO

HEROO

SENMORTECO

ĴALUZO

LABIRINTO

LEGENDO

FULMO

MONSTRO

MORTA

VENĜO

TONDRO

MILITO

74 - Agronomy

```
E N E R G I O E J O N A S L A M
G U S J U H R R O R S M Z Q P A
A C Y P F U U O M G T S R O L I
Q K R Z Q T T Z E A U F I D A Z
J T I N V F L I S N D D S A N Y
U K E O R H U O M I O V W T T U
L Q P K M N K K A K E M T K O Z
S Z V L S U I R N A K X E U J S
G C C Y Y G R E Ĝ K O D E D X J
K N I U W S G T O P L G L O I J
K A S E W V A S V V O R L R Z O
E U M Z N V K V K Q G E J P P M
E W O P C C D O A B I P O L U O
B F T Y A V O T V J O A G S Y G
J R Z C T R S I S T E M O J R E
L P K Z O D A O M R E T N D E L
```

AGRIKULTURO   PLANTOJ
MALSANOJ   POLUO
EKOLOGIO   PRODUKTADO
ENERGIO   KAMPARA
MEDIO   SCIENCO
EROZIO   SEMOJ
TERMOADO   STUDO
STERKO   SISTEMOJ
MANĜO   LEGOMOJ
ORGANIKA   AKVO

75 - Hair Types

```
K  A  L  V  A  R  M  M  F  X  V  W  N  M  S  S
K  N  Z  V  G  F  A  C  A  B  L  L  X  R  V  S
F  E  E  I  I  G  L  D  L  L  U  F  V  X  H  L
D  B  X  S  R  J  D  I  I  W  L  K  A  D  C  O
I  A  W  H  M  G  I  U  R  W  O  O  L  I  U  N
K  Q  R  V  D  S  K  L  B  Y  A  N  N  O  L  G
A  A  O  Q  X  F  A  X  C  P  R  N  Q  G  J  A
A  I  S  L  J  E  V  Z  B  B  Ĝ  H  V  D  A  E
P  L  E  K  T  A  Ĵ  O  J  V  E  V  D  L  N  D
B  V  K  L  Z  O  Q  T  B  O  N  I  D  W  A  E
R  H  L  S  B  N  T  C  L  C  T  X  G  I  S  J
U  X  I  E  U  M  F  H  O  X  O  Y  B  G  D  R
N  L  E  K  K  O  I  W  N  B  R  A  I  D  E  D
A  U  N  A  L  L  M  L  D  U  W  N  I  G  R  A
A  M  H  F  A  A  A  F  A  K  O  L  O  R  A  J
B  L  A  N  K  A  A  I  Y  W  J  W  E  L  E  R
```

KALVA	GRIZA
NIGRA	SANA
BLONDA	LONGA
BRAIDED	BRILA
PLEKTAĴOJ	MALLONGA
BRUNA	ARĜENTO
KOLORAJ	MOLA
BUKLOJ	DIKA
BUKLA	MALDIKA
SEKA	BLANKA

76 - Garden

```
T L P Y M A M X J T E Z X T Ŝ K
R O Z I D B J U J Z J S N G O Y
A Q Y G X X F U X G L S S Y V Z
M N L K T Z V E R A N D O U E J
P L A G E T O N O Z A G F N L M
O K A M A H O X S D T H D S I S
L B J O B R E H A W F B V F L Y
I T A T F L B U R T R L E A O L
N A R S L V A V E M L F Ĝ N C U
O U R U P E R P T Q V O A K K N
Y A Q B L W I T S A R E R I K O
V T C R O O L F B I M H D Z C C
S Y L A S Y O L T I J F E V P N
H E R B O N A O D D N Z N F L K
G M K T H O J R N R O W O Z M N
G A R A Ĝ O S O R D U U H X M U
```

BENKO
ARBUSTO
BARILO
FLORO
GARAĜO
ĜARDENO
HERBO
HAMAKO
HOSO
GAZONO

LAGETO
VERANDO
RASTI
ŜOVELILO
TRULO
TERASO
TRAMPOLINO
ARBO
HERBOJ

77 - Diplomacy

```
P  M  K  V  U  T  R  A  K  T  A  T  O  O  Y  H
K  N  O  R  A  T  I  N  A  M  U  H  S  X  P  O
X  X  N  W  H  H  C  O  I  C  U  L  O  Z  E  R
X  J  F  D  S  U  C  E  K  M  D  V  L  P  N  O
M  U  L  O  R  O  B  A  L  N  U  K  V  O  I  D
B  S  I  C  W  B  A  J  C  A  O  C  O  L  I  A
C  T  K  E  C  M  G  I  F  W  Z  N  T  I  G  S
I  E  T  R  K  O  M  U  N  U  M  O  U  T  G  A
V  C  O  G  S  E  K  U  R  E  C  O  K  I  C  B
I  O  D  E  Q  E  A  D  E  T  Q  W  S  K  B  M
T  J  O  T  N  A  L  I  S  N  O  K  I  O  P  A
A  V  T  N  L  E  T  I  K  O  I  X  D  U  P  Z
N  Q  P  I  C  R  A  I  T  A  M  O  L  P  I  D
O  D  A  S  A  B  M  A  V  W  F  K  R  R  F  H
J  G  Z  Y  U  Q  J  A  I  I  A  Y  O  N  U  S
R  E  G  I  S  T  A  R  O  H  C  R  A  W  H  W
```

KONSILANTO	ETIKO
AMBASADORO	REGISTARO
CIVITANOJ	HUMANITARO
CIVITA	INTEGRECO
KOMUNUMO	JUSTECO
KONFLIKTO	POLITIKO
KUNLABORO	REZOLUCIO
DIPLOMATIA	SEKURECO
DISKUTO	SOLVO
AMBASADO	TRAKTATO

78 - Countries #1

```
F  L  K  O  M  Q  P  V  E  N  E  Z  U  E  L  O
U  I  Z  U  A  X  A  I  S  R  A  E  L  O  G  I
S  E  N  R  V  I  N  H  H  N  W  Z  E  F  Z  L
B  H  B  N  V  Q  A  L  C  X  U  N  N  U  M  A
G  N  C  E  L  T  M  G  L  I  L  F  I  V  X  T
A  F  X  Y  O  A  O  V  G  A  R  A  K  I  N  I
M  J  J  G  V  L  N  V  J  E  T  N  A  M  I  O
E  G  L  M  D  A  P  D  Z  O  Y  V  Z  G  V  J
K  G  S  G  F  T  Y  L  O  I  N  A  P  S  I  H
I  C  I  P  Q  V  T  L  G  L  Q  J  A  X  X  W
Q  V  P  P  P  I  G  O  K  N  I  I  R  A  K  O
N  G  W  D  T  O  K  O  R  A  M  Z  E  H  K  I
H  V  P  Y  P  O  D  A  N  A  K  X  A  F  Y  B
P  O  L  L  A  N  D  O  I  N  A  M  U  R  K  I
L  N  B  W  S  E  N  E  G  A  L  O  Z  Z  B  L
N  O  R  V  E  G  I  O  I  N  A  M  R  E  G  Y
```

BRAZILO	MAROKO
KANADO	NIKARAGVO
EGIPTO	NORVEGIO
FINNLANDO	PANAMO
GERMANIO	POLLANDO
IRAKO	RUMANIO
ISRAELO	SENEGALO
ITALIO	HISPANIO
LATVIO	VENEZUELO
LIBIO	VJETNAMIO

79 - Immigration

```
P  J  W  Z  B  M  C  F  U  R  R  R  E  T  Z  G
A  R  G  N  E  G  O  C  A  D  O  C  Z  Y  G  K
J  O  N  G  R  D  V  P  W  I  X  D  D  V  D  M
O  O  V  G  N  I  L  M  L  L  E  Ĝ  O  J  R  L
Ĝ  F  M  I  O  J  O  T  N  E  M  U  K  O  D  M
O  I  N  I  A  C  S  F  I  G  H  F  K  N  R  I
L  C  I  V  L  V  M  S  H  Y  J  I  O  A  S  M
B  I  Z  E  R  N  P  I  X  W  U  N  M  F  T  P
O  R  T  S  I  N  I  M  D  A  E  A  U  N  R  R
A  O  F  S  I  T  U  A  C  I  O  N  N  I  E  O
Q  P  L  I  M  D  A  T  O  K  I  C  I  R  Ĉ  C
R  N  R  A  A  Z  F  Z  X  Z  A  A  K  S  O  E
V  Y  R  O  J  F  W  K  X  N  T  D  O  Q  A  S
M  I  G  V  B  O  O  P  I  T  K  O  W  C  J  O
X  R  L  E  A  O  P  R  O  T  E  K  T  O  N  S
P  L  E  N  K  R  E  S  K  U  L  O  J  N  Y  W
```

ADMINISTRO	LOĜOJ
PLENKRESKULOJ	LINGVO
HELPO	LEĜO
APROBO	NEGOCADO
LIMOJ	OFICIRO
INFANOJ	PROCESO
KOMUNIKO	PROTEKTO
LIMDATO	SITUACIO
DOKUMENTOJ	SOLVO
FINANCADO	STREĈO

80 - Adjectives #1

```
H  Q  T  A  A  E  F  G  P  J  P  P  A  E  M  L
R  T  C  Z  R  O  L  W  R  A  L  E  B  J  A  U
H  K  Z  O  R  T  M  L  I  A  V  Z  S  E  L  R
Y  D  N  I  P  S  A  O  D  P  V  A  O  K  R  I
A  L  E  R  S  E  P  K  Z  U  Q  A  L  Z  A  B
N  R  R  E  P  N  S  T  Y  C  D  E  U  O  P  D
F  R  X  S  K  O  K  G  V  C  L  D  T  T  I  I
R  T  P  O  N  H  A  R  O  M  A  J  A  A  D  V
H  E  L  P  E  M  A  S  E  A  Q  T  Ĉ  T  A  A
M  X  H  G  Q  O  G  C  S  K  Q  D  I  N  Z  L
R  V  N  M  A  L  D  I  K  A  G  J  L  E  D  O
L  I  D  M  A  L  L  U  M  A  G  D  E  D  V  R
A  M  B  I  C  I  A  A  D  Q  U  O  F  I  B  A
E  A  D  E  C  T  P  K  D  T  D  J  L  A  W  N
I  T  N  I  I  Q  A  G  L  D  Q  T  R  L  L  G
M  A  L  A  V  A  R  A  M  O  D  E  R  N  A  P
```

ABSOLUTA	PEZA
AMBICIA	HELPEMA
AROMAJ	HONESTO
ARTA	IDENTA
ALLOGA	GRAVA
BELA	MODERNA
MALLUMA	SERIOZA
EKZOTA	MALRAPIDA
MALAVARA	MALDIKA
FELIĈA	VALORA

81 - Rainforest

```
S  B  H  D  Q  H  G  S  A  G  J  R  Q  N  J  T
P  Ĝ  I  J  A  H  L  U  H  Y  C  E  W  E  D  Y
E  A  N  R  O  B  T  P  Q  G  Z  S  Y  S  N  S
C  N  U  V  D  W  Y  E  B  K  M  P  H  Y  K  F
I  G  B  K  A  O  H  R  S  Q  L  E  N  I  K  O
O  A  O  N  V  K  J  V  J  O  T  K  E  S  N  I
K  L  J  K  R  S  C  I  O  R  U  T  A  N  M  M
R  O  E  S  E  U  G  V  I  A  D  O  Y  L  C  A
A  Z  W  F  S  M  I  O  B  T  T  Ĝ  B  F  D  M
K  O  M  U  N  U  M  O  I  S  K  U  O  N  Y  U
G  N  K  K  O  T  N  D  F  E  G  F  T  H  M  L
A  G  T  S  K  M  C  X  M  R  B  I  A  V  J  O
K  L  I  M  A  T  O  V  A  Y  Z  R  N  Z  Y  J
K  T  V  A  I  N  D  I  Ĝ  E  N  A  I  R  Y  C
D  I  V  E  R  S  E  C  O  S  V  P  K  I  U  I
P  N  A  E  V  A  L  O  R  A  Z  H  O  A  T  H
```

AMFIBIOJ	MAMULOJ
BIRDOJ	MUSKO
BOTANIKO	NATURO
KLIMATO	KONSERVADO
NUBOJ	RIFUĜO
KOMUNUMO	RESPEKTO
DIVERSECO	RESTARO
INDIĜENA	SPECIO
INSEKTOJ	SUPERVIVO
ĜANGALO	VALORA

82 - Global Warming

```
T A I L M A C L D A T U M O I D
K Y T M F T X G A Z O G U Ĝ G U
L T O E Z W P P H I T E N E R F
A I C A N R E T N I A N A L E F
T M E W U T A J X U M E R S N I
E L T U K F U E T V I R E C E N
M J N L S J U G G F L A G I R D
P E O V G O Z I R K K C I E G U
E M T R I T A R K T O I S N I S
R M S F A A K L Y Y V O T C O T
A F E D J T R J I K D J A I J R
T O Z D C I N K C B J M R S E I
U U W Z I B Y A M D C C O T Q O
R X W H B A B R Ĝ N U N X O Q H
O F G I P H N E V O L U O N I O
J U W L V U K P M R L Q D G Y I
```

ARKTO	GENERACIOJ
ATENTU	REGISTARO
KLIMATO	HABITATOJ
KRIZO	INDUSTRIO
DATUMO	INTERNACIA
EVOLUO	LEĜO
ENERGIO	NUN
MEDIA	LOĜANTAROJ
ESTONTECO	SCIENCISTO
GAZO	TEMPERATUROJ

83 - Landscapes

```
L O Q M I C K J X M F U B N B G
A I G N A S F D H S I C T C N U
G N A M O R E S J E G L M L V S
O L A V F M Ĉ P E N I N S U L O
D N A C I X A O U B M K C Q F R
X Q T I L N Z G F V H A Y V O E
H E R T K J O R D N U T R Q A V
G L A C E R O E K I X L I O Z I
O C E A N O T B A R U E K Ĝ O R
I N S U L O N E V Q U J T A W S
B R A Q D X O C E M K N R L N I
H L Y F V J M A R H Z B R P U O
L V I R I G Q L N S L E H X T U
I H H P G R G G O L A F O V K A
G B D E Z E R T O O X J L Z Y G
N E E N X H X X S Z T P H W Q Z
```

PLAĜO
KAVERNO
KLIFO
DEZERTO
GEJSERO
GLACERO
GLACEBERGO
INSULO
LAGO
MONTO

OAZO
OCEANO
PENINSULO
RIVERO
MARO
MARĈO
TUNDRO
VALO
VULKANO
AKVOFALO

84 - Visual Arts

```
A A Q Z E A H O Q F A O F T O K
R B R N I Q N C I S Y O C V Ĵ O
G S H T B V R A F E V S H T A M
I W Q O I Q M U H Q S H D I T P
L Z Q B S S K A R B O M U L P O
O T O F C C T U S F R Ŝ Ĉ A L N
V T N A F Z K O Q B U A E D U A
I Y E K J K A N N Q T B F V K D
T O R R R C R O X M K L V C S O
K O L D K R O J M H E O E E W S
E R W N I J Y A G L T N R R O K
P T M L N H C R N W I A K A O A
S N L S W U B K T W K F O M Y V
R E S T A B L O E O R F M I F Y
E P O R T R E T O V A E R K U P
P G Y U W B D F I L S S G O V L
```

ARKITEKTURO
ARTISTO
CERAMIKO
KRETO
KARBO
ARGILO
KOMPONADO
KREAVO
ESTABLO
FILMO

ĈEFVERKO
PENTRO
PLUMO
KRAJONO
PERSPEKTIVO
FOTO
PORTRETO
SKULPTAĴO
ŜABLONA
VAKSO

85 - Plants

```
L X W S V Q A S H A T V B S Y E
Z E A Q O T R E H C Y K A P L Ĝ
I O V Q H O B R E H Q M M D H A
M Q P Q N C U B Z D J V J W O R
T U O I N U S K O R E D H S D
H I S Q I E T Y R T Z Q Z Y Y E
Z D X K V Q O G A T A Y J F M N
F J H K O B R A B G R N O X V O
F Y H R L F E U R S O F I U S A
R A Z U A M B Z A F L L L K C S
F F B M T W O R C J F R O S O C
C L P O E R A D I K O I F E U K
J O K L P K A K T O T W U R B D
U R V E G E T A Ĵ A R O G K M O
M O K R E T S Q E N J T G Q A X
P D I M C P D E K Y M O T X B U
```

BAMBUO	ARBARO
FABO	ĜARDENO
BERO	HERBO
BOTANIKO	KRESKU
ARBUSTO	HEDERO
KAKTO	MUSKO
STERKO	PETALO
FLORA	RADIKO
FLORO	ARBO
FOLIOJ	VEGETAĴARO

86 - Countries #2

```
I  U  B  F  M  U  T  R  G  X  O  L  A  P  E  N
N  K  J  B  M  X  G  G  U  K  A  Q  I  A  R  D
E  R  I  R  M  X  N  A  T  S  J  I  P  K  W  A
A  A  B  P  X  X  E  V  N  A  I  F  C  I  M  N
J  I  Y  X  N  H  Y  K  I  D  Q  O  E  S  P  I
A  N  V  G  I  W  D  O  S  H  O  S  T  T  Y  O
M  I  E  D  G  P  J  O  U  O  J  A  I  A  X  K
A  O  Q  H  E  X  X  W  F  N  C  B  O  N  C  I
J  P  O  I  R  I  S  U  D  A  N  O  P  O  P  S
K  Q  O  W  I  J  F  U  O  B  O  I  I  S  K  K
O  D  O  I  O  I  R  E  B  I  L  T  O  O  K  E
S  O  M  A  L  I  O  R  O  L  N  I  H  A  E  M
G  R  E  K  I  O  G  Y  O  I  N  A  B  L  A  P
R  N  X  V  V  V  S  N  S  D  I  H  P  J  R  E
T  Y  Y  U  K  Q  Y  T  M  G  F  X  Z  A  D  P
I  D  P  X  G  T  O  T  T  Z  D  H  K  F  J  S
```

ALBANIO	MEKSIKO
DANIO	NEPALO
ETIOPIO	NIGERIO
GREKIO	PAKISTANO
HAITIO	RUSIO
JAMAJKO	SOMALIO
JAPANIO	SUDANO
LAOSO	SIRIO
LIBANO	UGANDO
LIBERIO	UKRAINIO

87 - Ecology

```
O  Q  G  K  G  P  L  A  N  T  O  J  R  K  K  Z
S  N  A  T  U  R  A  T  R  Q  C  W  I  L  O  D
O  P  I  T  Y  V  T  L  K  A  E  U  M  I  M  R
Z  G  E  B  G  B  T  M  E  E  K  Z  E  M  U  K
Z  D  Q  C  M  O  N  T  O  J  E  U  D  A  N  B
P  W  B  V  I  Y  S  I  C  A  S  L  O  T  U  J
N  N  S  M  G  O  U  A  E  U  K  O  J  O  M  O
Z  E  A  N  A  F  P  K  S  Q  K  B  S  P  O  L
E  N  S  W  Z  A  E  A  R  O  L  F  N  K  J  U
T  C  C  P  L  Ŭ  R  L  E  I  N  U  D  Q  F  T
E  D  Q  R  P  N  V  Z  V  D  U  P  Y  B  T  N
I  U  U  M  A  O  I  P  I  Z  L  N  Q  O  H  O
M  A  R  Ĉ  O  K  V  A  D  N  O  M  T  U  T  L
N  A  T  U  R  O  O  V  H  A  B  I  T  A  T  O
V  E  G  E  T  A  Ĵ  A  R  O  F  D  E  S  L  V
L  T  V  M  A  R  A  L  B  E  G  I  R  Ŭ  A  D
```

KLIMATO   MONTOJ
KOMUNUMOJ   NATURA
DIVERSECO   NATURO
SEKECO   PLANTOJ
FAŬNO   RIMEDOJ
FLORA   SPECIO
TUTMONDA   SUPERVIVO
HABITATO   DAŬRIGEBLA
MARA   VEGETAĴARO
MARĈO   VOLONTULOJ

88 - Adjectives #2

```
P  S  D  A  Y  K  N  V  A  R  M  A  C  M  I  N
R  R  E  E  C  G  B  A  T  A  S  L  A  M  N  C
O  L  Y  K  I  L  K  S  T  K  R  E  A  E  T  Y
D  F  J  V  A  T  R  O  F  U  U  F  N  G  E  P
U  B  J  K  V  T  S  P  O  X  R  C  A  R  R  R
K  A  J  D  O  V  N  E  B  R  L  A  S  K  E  I
T  F  A  T  N  E  L  A  T  Z  H  R  U  H  S  S
I  E  L  O  X  L  J  M  G  D  O  R  M  E  A  K
V  Z  A  J  S  L  G  A  B  E  F  W  V  D  Ĝ  R
A  F  S  T  R  D  D  F  U  I  L  C  Y  N  A  I
J  R  U  A  Ŭ  T  E  N  T  A  Y  E  M  O  V  B
L  L  S  E  N  G  H  U  S  L  D  M  Q  P  O  A
O  B  R  M  V  J  R  R  R  N  M  T  Q  S  S  S
W  U  D  I  F  I  E  R  A  T  X  K  T  E  A  Q
F  C  C  N  I  D  H  Q  Y  M  H  J  M  R  K  N
Y  U  W  I  O  C  T  N  Q  Y  A  D  J  O  P  Y
```

AŬTENTA	INTERESA
KREA	NATURA
PRISKRIBA	NOVA
SEKA	PRODUKTIVA
ELEGANTA	FIERA
FAMA	RESPONDE
TALENTA	SALAJ
SANA	DORME
VARMA	FORTA
MALSATA	SOVAĜA

89 - Psychology

```
X  N  P  R  O  B  L  E  M  O  N  L  C  C  P  U
Q  O  T  U  D  N  O  K  I  I  N  X  N  P  E  P
E  M  S  E  N  K  O  N  S  C  I  A  E  R  R  E
M  U  V  R  E  A  L  O  U  Q  J  B  K  O  S  N
O  M  I  N  F  A  N  A  Ĝ  O  F  O  W  A  O  S
C  O  T  K  I  L  F  N  O  K  C  L  K  Q  N  O
I  M  R  X  P  E  R  C  E  P  T  O  S  X  E  J
O  K  S  M  X  Z  T  Z  L  T  W  O  U  J  C  O
J  I  K  K  S  A  W  X  D  O  A  F  B  S  O  E
E  B  N  L  N  E  I  S  N  T  I  Y  K  C  D  D
R  G  J  O  I  P  A  R  E  T  S  I  O  I  Z  I
B  F  O  V  U  N  Q  U  E  N  L  Q  N  I  M  Y
V  Y  Ĝ  I  A  K  I  F  I  F  T  X  S  Ĝ  J  W
T  F  N  P  S  W  M  K  F  W  A  O  C  O  Y  A
U  W  O  W  O  M  U  G  A  W  N  L  I  N  I  D
X  O  S  Q  M  K  O  T  A  K  S  O  A  T  D  C
```

NOMUMO	IDEOJ
TAKSO	PERCEPTO
KONDUTO	PERSONECO
INFANAĜO	PROBLEMO
KLINIKA	REALO
SCIIĜO	SENTO
KONFLIKTO	SUBKONSCIA
SONĜOJ	TERAPIO
EGOISMO	PENSOJ
EMOCIOJ	SENKONSCIA

90 - Math

```
S Z J D I A M E T R O I P J N G
P I A N G U L O J C Q M M E P E
O G M A R I T M E T I K O X N O
L N A E P E R I M E T R O W P M
I V N E T R I A N G U L O A E
G O C N E R E F N O K R I C R T
O D A L A M I C E D N A J V A R
N F I C X U Q O S U I D A R L I
O R R V T H U L P R Y G E G E O
T A O M I Q O E V V X D K L L V
A K F L Z D D L V A V R V J O P
R C U C M X O A A Q D U A V G T
D I D U G N L R S N W V C X R L
A O O L U G N A T C E R I H A P
V V O L U M O P S H N S O S M L
K U U A E K S P O N E N T O O U
```

ANGULOJ
ARITMETIKO
CIRKONFERENCO
DECIMALA
DIAMETRO
DIVIDO
EKVACIO
EKSPONENTO
FRAKCIO
GEOMETRIO

PARALELO
PARALELOGRAMO
PERIMETRO
POLIGONO
RADIUSO
RECTANGULO
KVADRATO
SIMETRIO
TRIANGULO
VOLUMO

91 - Water

```
T O Q G U G Y B F C T U W A G Q
W R A E U P C J D R S Z T L T V
T X I M R S N K I R O D N U N I
E E Y N A Q E K I V I S H J U C
D U Ŝ O K C Ĝ H Z A C U T N R X
E U K Y C E O R O P A V L O A X
N O A H P V B C W O L R A R G N
L D C X M Z Q L J R G F G E A C
M A C E Y O H U E I C D O S N S
J G P C A O Q E C Ĝ N Y X J O E
U I X Y X N A Y L O W D P E L N
D R L V P G O D I M U H D G A P
R I L F E H U M I D E C O R N S
O N D O J D E K L G V M T L A D
X F N A C Y Z N Q T V E L T K D
J Y B P L U V O R I V E R O U C
```

KANALO	LAGO
TRINKEBLE	HUMIDO
VAPORIĜO	OCEANO
INUNDO	PLUVO
FROSTO	RIVERO
GEJSERO	DUŜO
HUMIDECO	NEĜO
URAGANO	VAPORO
GLACIO	ONDOJ
IRIGADO	

92 - Activities

```
X  E  I  Q  U  K  E  A  T  N  A  G  I  T  L  A
M  E  L  N  T  E  N  D  U  M  A  D  O  K  D  K
R  M  G  X  T  B  V  Q  U  J  J  O  D  U  L  T
X  O  R  U  Z  E  L  P  U  X  V  D  A  D  K  I
H  C  A  S  L  U  R  K  M  C  T  A  S  R  C  V
J  N  P  B  B  E  W  E  O  U  N  N  A  I  U  E
J  A  B  O  R  Q  R  W  S  S  A  E  Ĉ  O  R  C
Z  D  S  F  A  A  Y  T  F  O  A  D  J  K  V  O
E  I  U  V  I  C  A  U  O  K  J  R  T  T  F  Q
F  I  Ŝ  K  A  P  T  A  D  O  D  A  G  E  L  D
U  B  D  K  B  G  A  I  B  O  F  Ĝ  W  P  S  H
D  C  A  R  T  O  Ĝ  I  Ĉ  E  R  T  S  L  A  M
Y  C  C  O  L  Y  M  E  T  I  O  J  N  H  G  S
P  C  M  A  G  I  O  P  M  E  T  R  E  B  I  L
U  S  V  F  L  P  V  E  Q  B  U  I  K  D  I  P
F  O  T  O  K  I  M  A  R  E  C  V  G  O  P  G
```

AKTIVECO
ARTO
TENDUMADO
CERAMIKO
METIOJ
DANCO
FIŜKAPTADO
LUDOJ
ĜARDENADO
ALTIGANTA

ĈASADO
INTERESOJ
LIBERTEMPO
MAGIO
FOTO
PLEZURO
LEGADO
MALSTREĈIĜO
KUDRI
LERTO

93 - Business

```
B  Z  Z  R  I  K  A  R  I  E  R  O  T  S  O  K
U  S  P  T  D  N  D  J  U  J  B  T  V  W  T  L
C  N  I  M  I  N  V  U  Z  U  L  U  R  Q  A  C
P  R  O  F  I  T  O  E  N  M  V  L  G  V  B  W
T  O  T  I  G  N  U  D  S  G  Y  A  T  B  A  D
H  W  E  B  U  T  I  K  O  T  A  V  J  X  R  O
G  L  Ĝ  H  I  Y  U  E  T  O  O  N  O  S  R  E
O  O  U  U  Q  U  X  Y  S  N  L  V  T  X  E  K
P  G  B  C  H  F  Y  X  R  E  F  X  S  O  G  O
V  F  R  O  P  P  I  K  N  Y  M  U  O  Z  Q  N
O  F  I  C  E  J  O  R  A  V  O  Z  P  E  S  O
L  Z  R  N  T  N  R  W  M  E  N  I  M  P  J  M
L  R  Z  A  V  E  N  D  O  A  O  N  I  S  L  I
F  C  I  N  D  E  U  E  C  S  O  O  M  N  B  O
H  X  U  I  N  I  O  N  C  Y  R  W  X  E  Z  B
P  U  F  F  Q  K  E  V  U  Y  Y  N  R  G  I  J
```

BUĜETO	FINANCO
KARIERO	ENSPEZO
FIRMAO	INVESTO
KOSTO	VARO
VALUTO	MONO
RABATO	OFICEJO
EKONOMIO	PROFITO
DUNGITO	VENDO
DUNGANTO	BUTIKO
UZINO	IMPOSTOJ

94 - The Company

```
T O A O R E P U T A C I O E Y I
V I T W N N K Q E F C D V K O I
J L N L E O V P T U T M O N D A
D P Q L E V A R R D H Q A Q R R
P E R Q M I L I D O C R E M O K
R I C E M G I S W C G L R R G T
O N V I Z A T K Z E E R K C N E
F D V T D E O O H L N U E Z U N
E U T B S O N J R B S N V S D D
S S V F L S G T J E P U Q Y O E
I T J Q B O W D O J E O B F T N
A R H Q S T L G D D Z J X T S C
M I I V H T L I E J O Z O Y E O
N O B S R K T J M U J O Z P V J
P R O D U K T O I T E O B Q N D
J J E Z L E X B R G Y T I M I F
```

KOMERCO
KREA
DECIDO
DUNGO
TUTMONDA
INDUSTRIO
NOVIGA
INVESTO
EBLECO
PREZENTO

PRODUKTO
PROFESIA
PROGRESO
KVALITO
REPUTACIO
RIMEDOJ
ENSPEZO
RISKOJ
TENDENCOJ
UNUOJ

95 - Literature

```
R  I  M  O  T  R  A  N  E  K  D  O  T  O  O  P
G  R  O  O  N  E  A  I  Z  E  O  P  J  C  W  O
V  Z  K  C  G  Y  M  K  O  K  M  Z  Y  C  K  E
Q  Y  W  H  M  X  X  O  O  Z  I  L  A  N  A  M
M  E  T  A  F  O  R  O  B  N  Z  D  R  V  Q  O
U  I  L  L  K  A  W  I  I  O  T  H  M  P  A  F
O  R  O  M  A  N  O  Q  R  I  S  A  Y  U  T  I
A  N  A  L  O  G  I  O  K  I  C  S  N  P  D  K
K  M  Y  L  D  I  H  N  S  X  O  O  B  T  L  C
O  G  O  L  A  I  D  U  I  U  Z  W  I  B  O  I
M  L  O  I  D  E  G  A  R  T  I  M  N  Z  R  O
P  I  I  Y  B  K  R  T  P  T  X  I  M  A  O  O
A  P  T  T  B  I  O  G  R  A  F  I  O  O  T  Z
R  V  A  I  S  S  B  A  C  R  N  J  P  V  Ŭ  Q
O  R  I  T  M  O  D  U  L  K  N  O  K  R  A  F
V  A  L  Z  B  P  T  N  E  Z  U  I  O  P  T  Z
```

ANALOGIO

ANALIZO

ANEKDOTO

AŬTORO

BIOGRAFIO

KOMPARO

KONKLUDO

PRISKRIBO

DIALOGO

FIKCIO

METAFORO

RAKONTANTO

ROMANO

POEMO

POEZIA

RIMO

RITMO

STILO

TEMO

TRAGEDIO

96 - Geography

```
M H O K O N T I N E N T O O C Z
O D N O M J H R T W M M K D T D
C I A K Q I L C O X L O B R U M
E O I D T F R M G D S N D O Z A
A F D Z U O K E R X X T Z R D R
N C I N S U L O I Y P O P E O O
O J R D A Z D H Q V Q C L F S N
Y G E Q D L K M F B C E H S A L
O Q M H A B G B U R R T D I L A
S U D O N O I G E R E L V M T T
W Y Y N R P D Q P L M A L E A I
I F O T N E D I C K O R J H H T
D H J X T O V P S N A S K F G U
R O G R A M O I R O T I R E T D
I T Q D O E G F R V X E V C P O
T G H D T L O E Q M A P O F L Y
```

ALTECO
ATLASO
URBO
KONTINENTO
LANDO
HEMISFERO
INSULO
LATITUDO
MAPO
MERIDIANO

MONTO
NORDO
OCEANO
REGIONO
RIVERO
MARO
SUDO
TERITORIO
OKCIDENTO
MONDO

97 - Jazz

```
M K Q E U N J J O R U B M A T J
P O T R E C N O K Y Y P F P N J
W M B E N R V T R N Y N X L N U
X P X R L J I A K V D G I A F Y
M O T N E L A T F A M A F Ŭ D Z
U N Z V L Y V A X K N O P D E I
Z I R I T M O Ŝ K O S T K O T T
I S E A V O N L A M X J O J Q I
K T L M B O D A N O P M O K M C
O O K U F V R O R K E S T R O V
C L L M W A Z P G I O M S A K O
A L B U M O Z T M O G N I P I E
U T C P C A Y O L I T S T M N B
K B D H M Y I N F R P D R W K U
Q H M J S A N K T G H Q A K E Y
G D L J J A L U W P F D Q W T T
```

ALBUMO	IMPROVIZO
APLAŬDOJ	MUZIKO
ARTISTO	NOVA
KOMPONISTO	MALNOVA
KOMPONADO	ORKESTRO
KONCERTO	RITMO
TAMBUROJ	KANTO
EMFAZO	STILO
FAMA	TALENTO
ŜATATOJ	TEKNIKO

98 - Nature

```
B F E X B Q E A R M F F D A K K
I E O R B A W Z I O B A I R L K
J A L L O J W Y F N R Q N K F E
F A U E I Z D H U T I R A G N Y
Z L B Z C O I J Ĝ O V L M L U Y
A P E M Q O J O O J E B I A B B
G M N H L B X L J I R N K C O H
E K O J O T S E B A O J A E J A
Z J A Z Y J A B A T C H B R A W
P F E V N P S A N E R E S O F H
P A C A L B E V A H L A M E N V
X A R B A R O T R E Z E D S I K
P P T R O P I K A Ĝ A V O S R L
U A Z Y W W H I U Z F R A B I U
C L X I S Y O C A R K T O S X Y
E U Q M J B E D Q I G L C N V V
```

BESTOJ	ARBARO
ARKTO	GLACERO
BELECO	MONTOJ
ABELOJ	PACA
NUBOJ	RIVERO
DEZERTO	RIFUĜO
DINAMIKA	SERENA
EROZIO	TROPIKA
NEBULO	NEMALHAVEBLA
FOLIOJ	SOVAĜA

99 - Vacation #2

```
R D Q T C L M O K H O T E L O Q
S E H E A I A N W B R C C E Ĝ N
M J N N H B P R X R A I C Z A Y
E Z H D P E O J Q L M M E H L T
H W R U L R J H V T B T N N P X
C G E M H T L Y T B R V E Z E Z
A K E A S E M Z P H A A R N N S
D D H D N M L W J M F O J N D J
V D G O N P B D R G N T P N J O
I R P N I O L U D M E R F B O Ĝ
F R E M D A I W S J X O Z N T A
D E S T I N O R J M V P O K N J
I N S U L O Z T E E I S C B O O
T A K S I O E G J F Z A A N M V
F L U G H A V E N O A P B M X R
T R A N S P O R T A D O J H A T
```

FLUGHAVENO
PLAĜO
TENDUMADO
DESTINO
FREMDA
FREMDULO
FERIO
HOTELO
INSULO
VOJAĜO

LIBERTEMPO
MAPO
MONTOJ
PASPORTO
MARO
TAKSIO
TENDO
TRAJNO
TRANSPORTADO
VIZA

100 - Electricity

```
L A S E R O H S T K V C D N M K
Z L X P U T E K E A T Q B V P Y
P O Z I T I V A L B A R G T R C
E H V J S E X F E L O B V U C Y
M I N G O L E W V O B L U B J N
W A X P F T L G I B W S G P C H
E H G Q M N Y V D C G Z N Z D Y
S G C N H F I Z O N O F E L E T
F T U L E D R A T O J C T Y L N
A R O W O T S I R T K E L E E E
X P I K Y F O K T C L B L L K G
I S O E A R E T O H E E O O T A
B K P G Y D I M R O Z L V S R T
D M M X S O O H V E X H O X O I
F B A T E R I O T N A V K J P V
K W L J E K I P A Ĵ O L X E H O
```

BATERIO
BULBO
KABLO
ELEKTRO
ELEKTRISTO
EKIPAĴO
LAMPO
LASERO
MAGNETO
NEGATIVO

RETO
CELOJ
POZITIVA
KVANTO
INGO
STOKADO
TELEFONO
TELEVIDO
DRATOJ

1 - Antiques

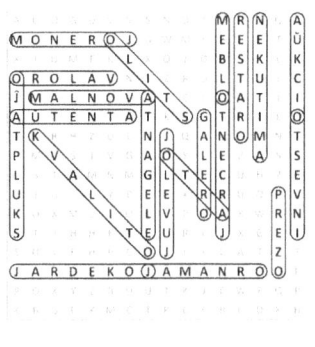

2 - Food #1

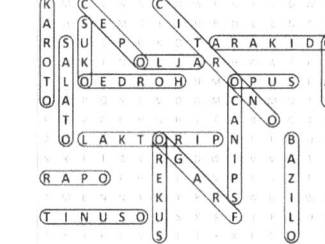

3 - Measurements

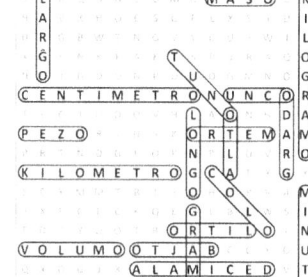

4 - Farm #2

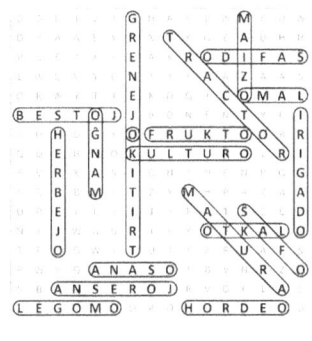

5 - Books

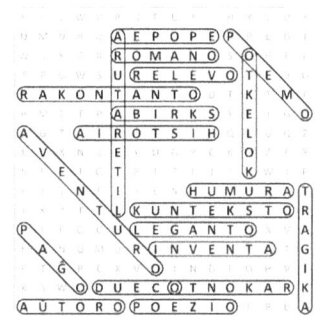

6 - Meditation

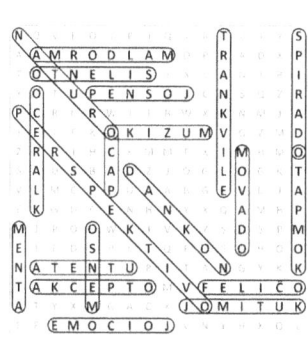

7 - Days and Months

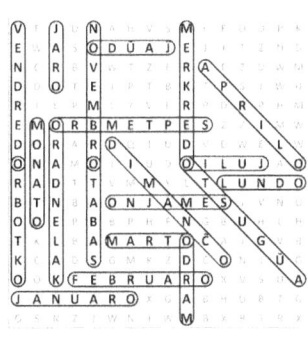

8 - Energy

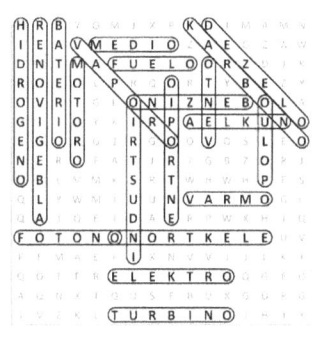

9 - Archeology

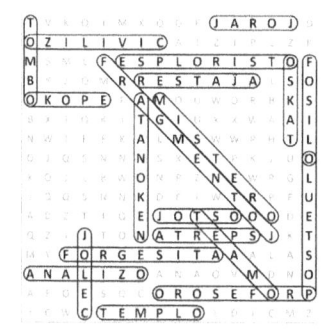

10 - Food #2

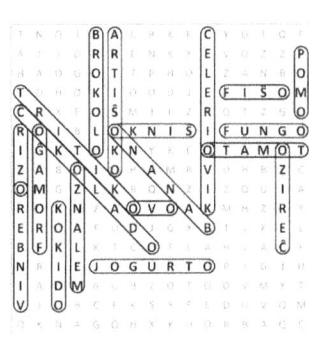

11 - Chemistry

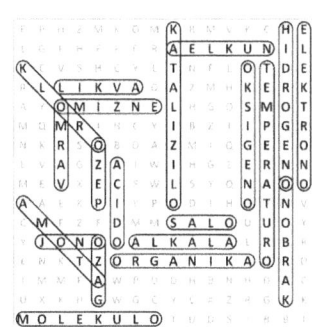

12 - Music

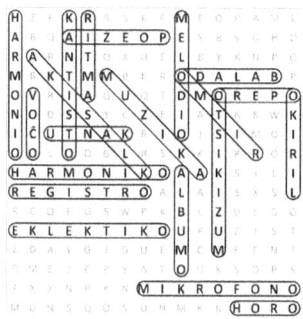

13 - Family

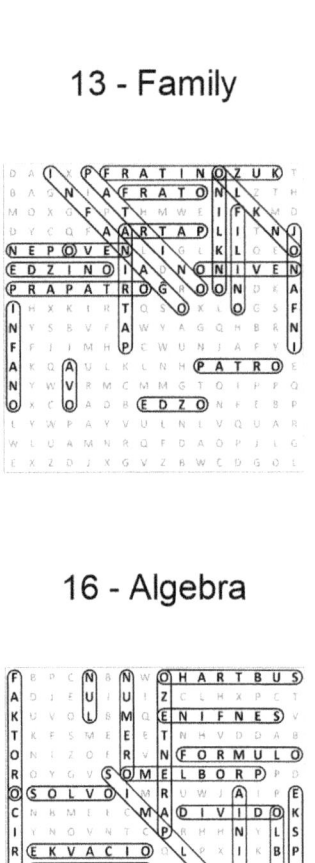

14 - Farm #1

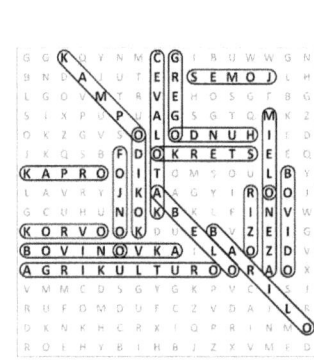

15 - Camping

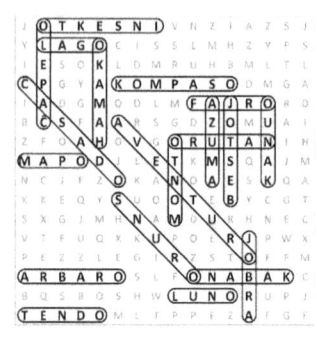

16 - Algebra

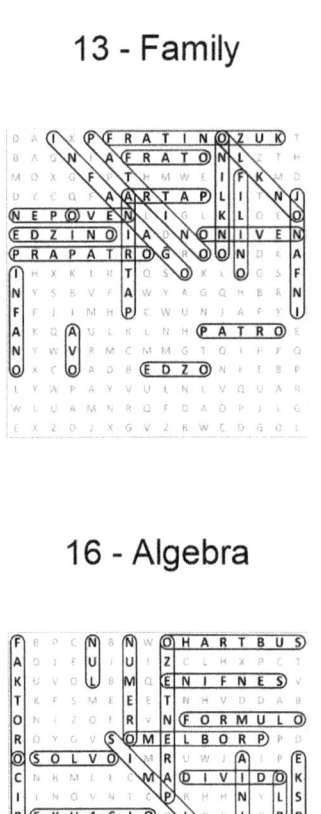

17 - Numbers

18 - Spices

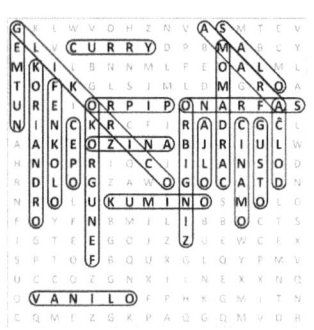

19 - Universe

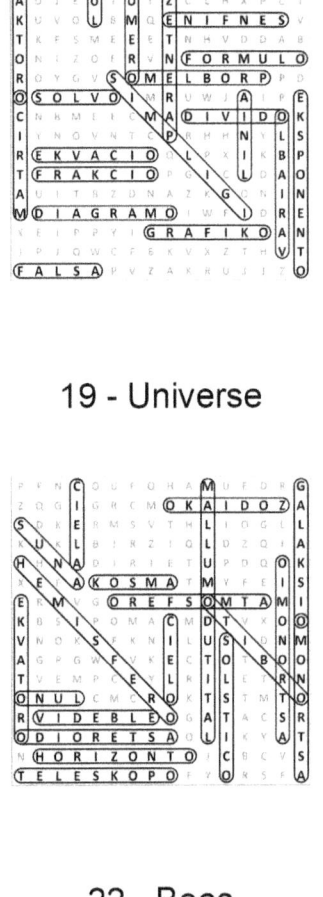

20 - Mammals

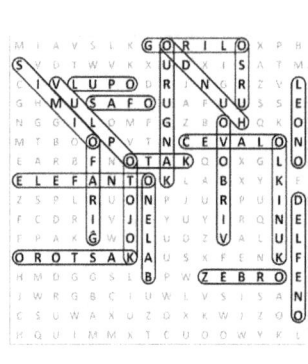

21 - Fishing

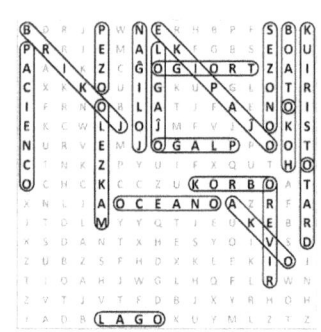

22 - Bees

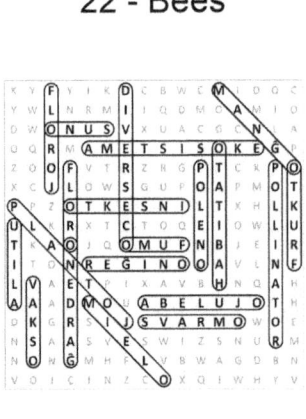

23 - Weather

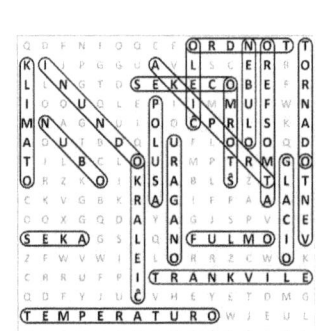

24 - Adventure

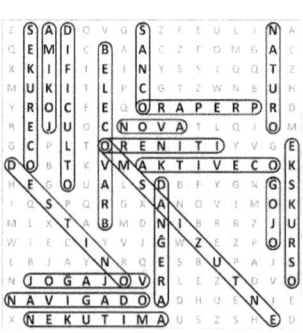

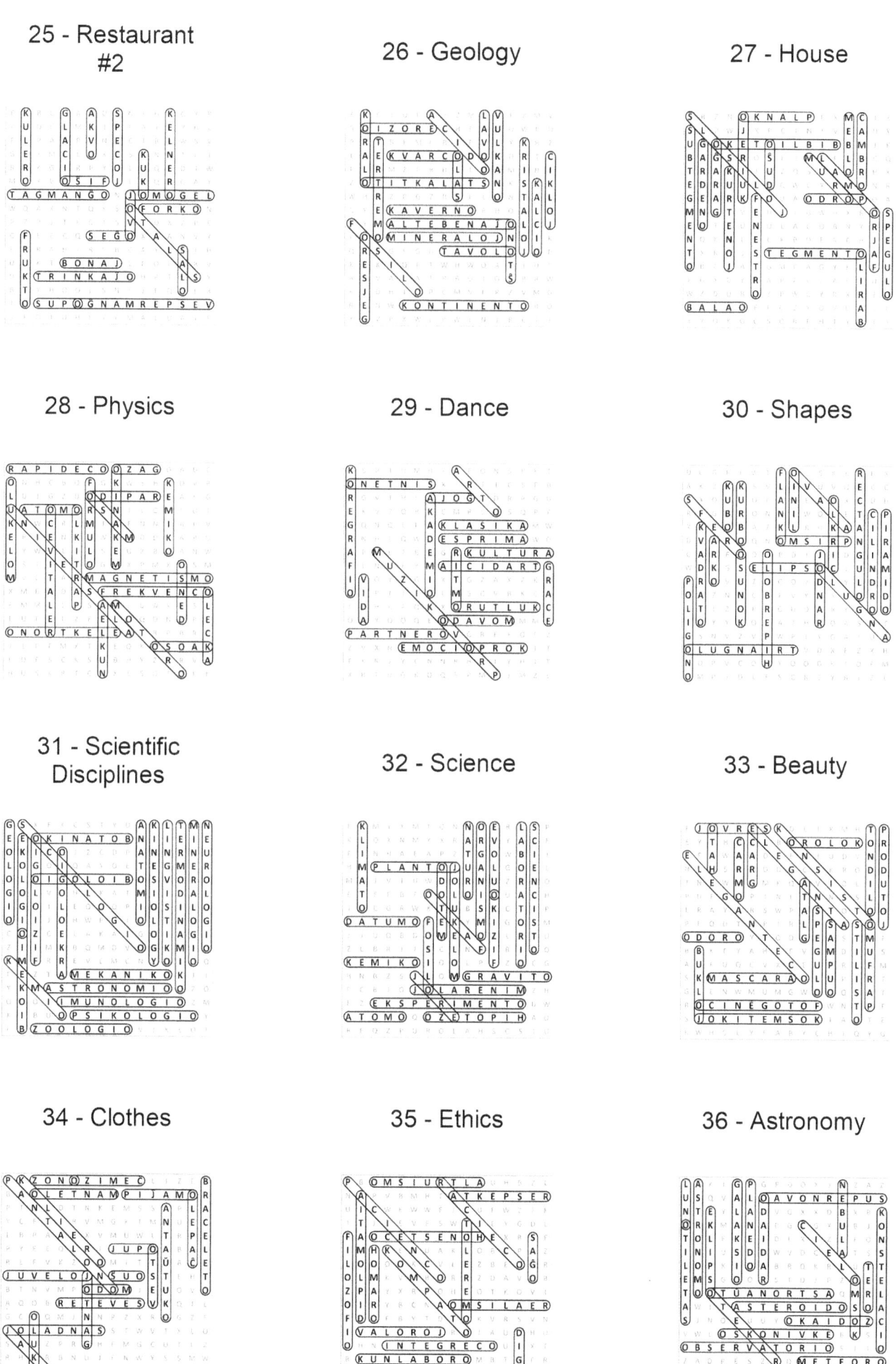

37 - Health and Wellness #2

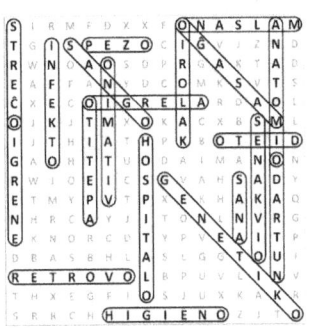

38 - Disease

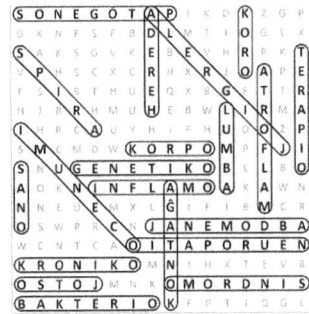

39 - Time

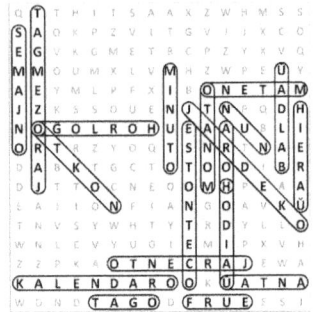

40 - Buildings

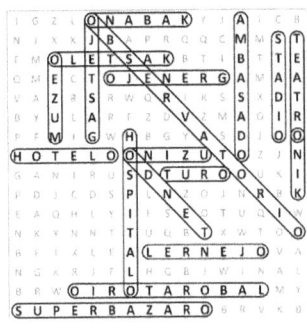

41 - Philanthropy

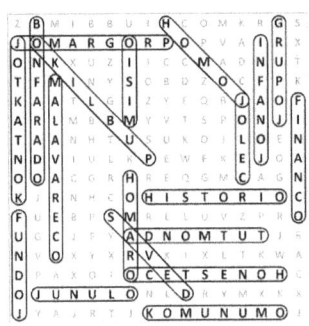

42 - Gardening

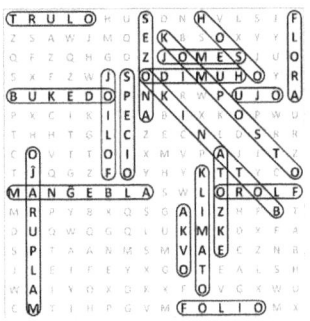

43 - Herbalism

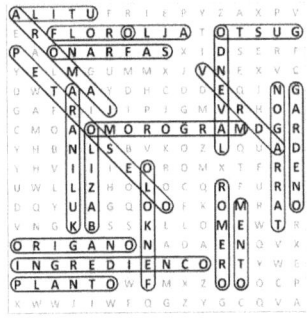

44 - Vehicles

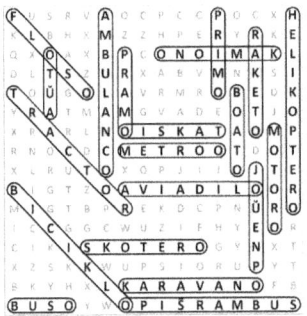

45 - Health and Wellness #1

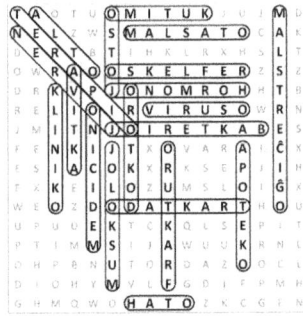

46 - Town

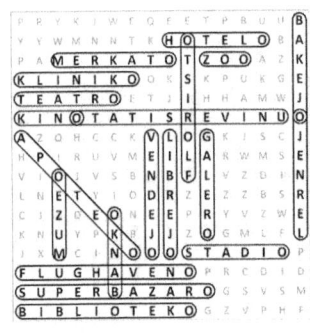

47 - Antarctica

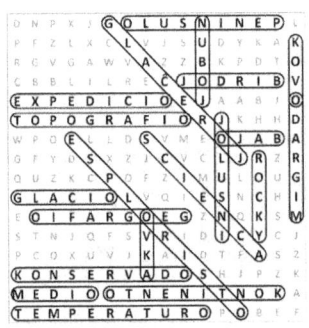

48 - Ballet

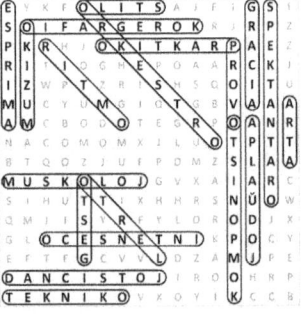

49 - Fashion

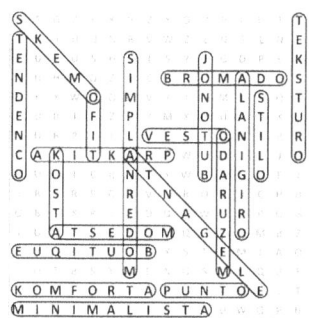

50 - Human Body

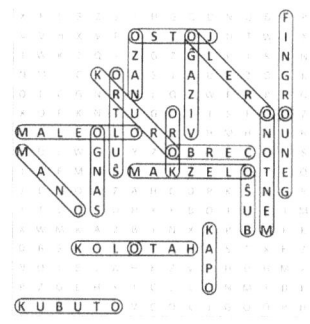

51 - Fruit

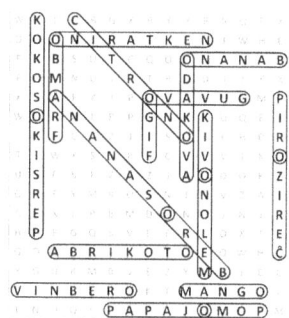

52 - Engineering

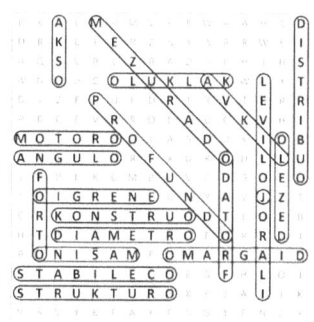

53 - Kitchen

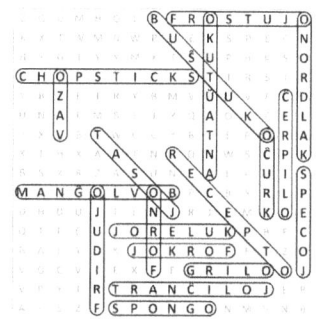

54 - Government

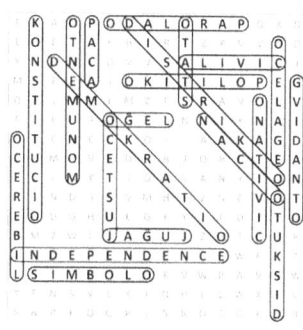

55 - Art Supplies

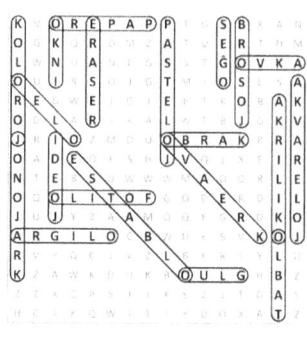

56 - Science Fiction

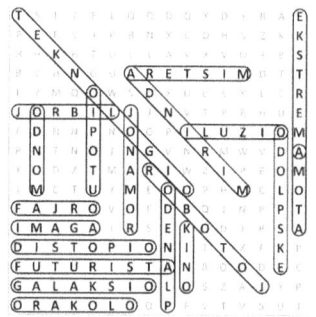

57 - Geometry

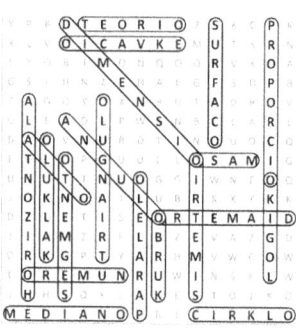

58 - Creativity

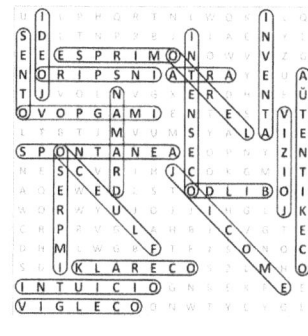

59 - Airplanes

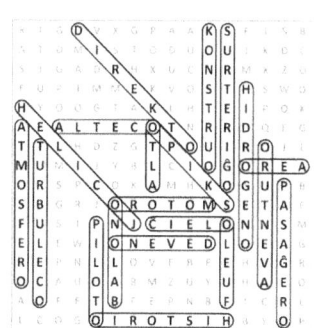

60 - Ocean

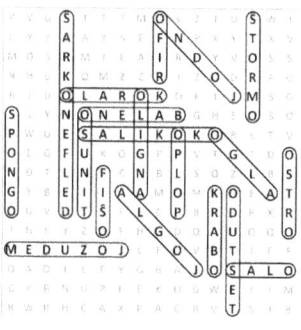

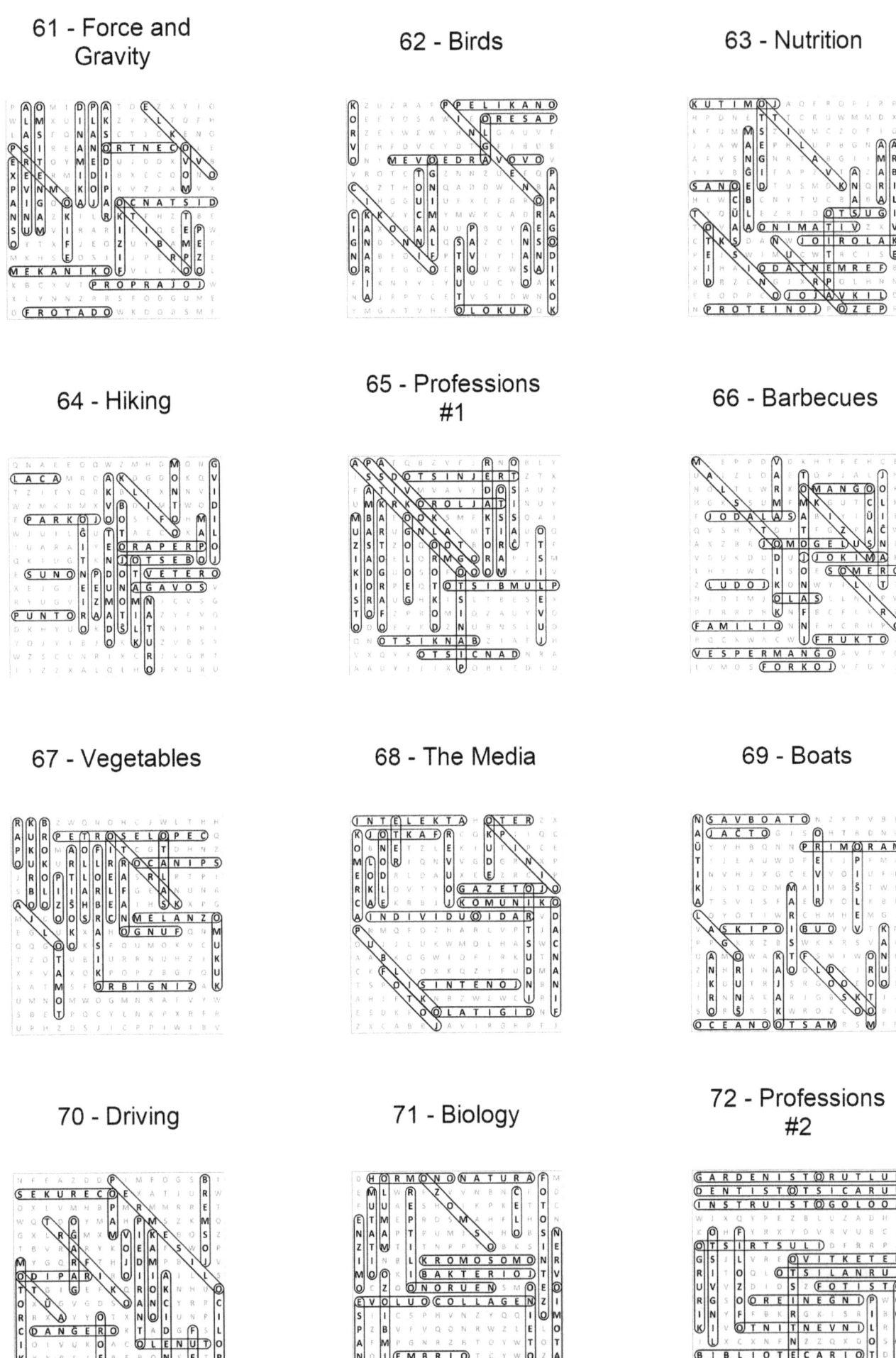

61 - Force and Gravity

62 - Birds

63 - Nutrition

64 - Hiking

65 - Professions #1

66 - Barbecues

67 - Vegetables

68 - The Media

69 - Boats

70 - Driving

71 - Biology

72 - Professions #2

73 - Mythology

74 - Agronomy

75 - Hair Types

76 - Garden

77 - Diplomacy

78 - Countries #1

79 - Immigration

80 - Adjectives #1

81 - Rainforest

82 - Global Warming

83 - Landscapes

84 - Visual Arts

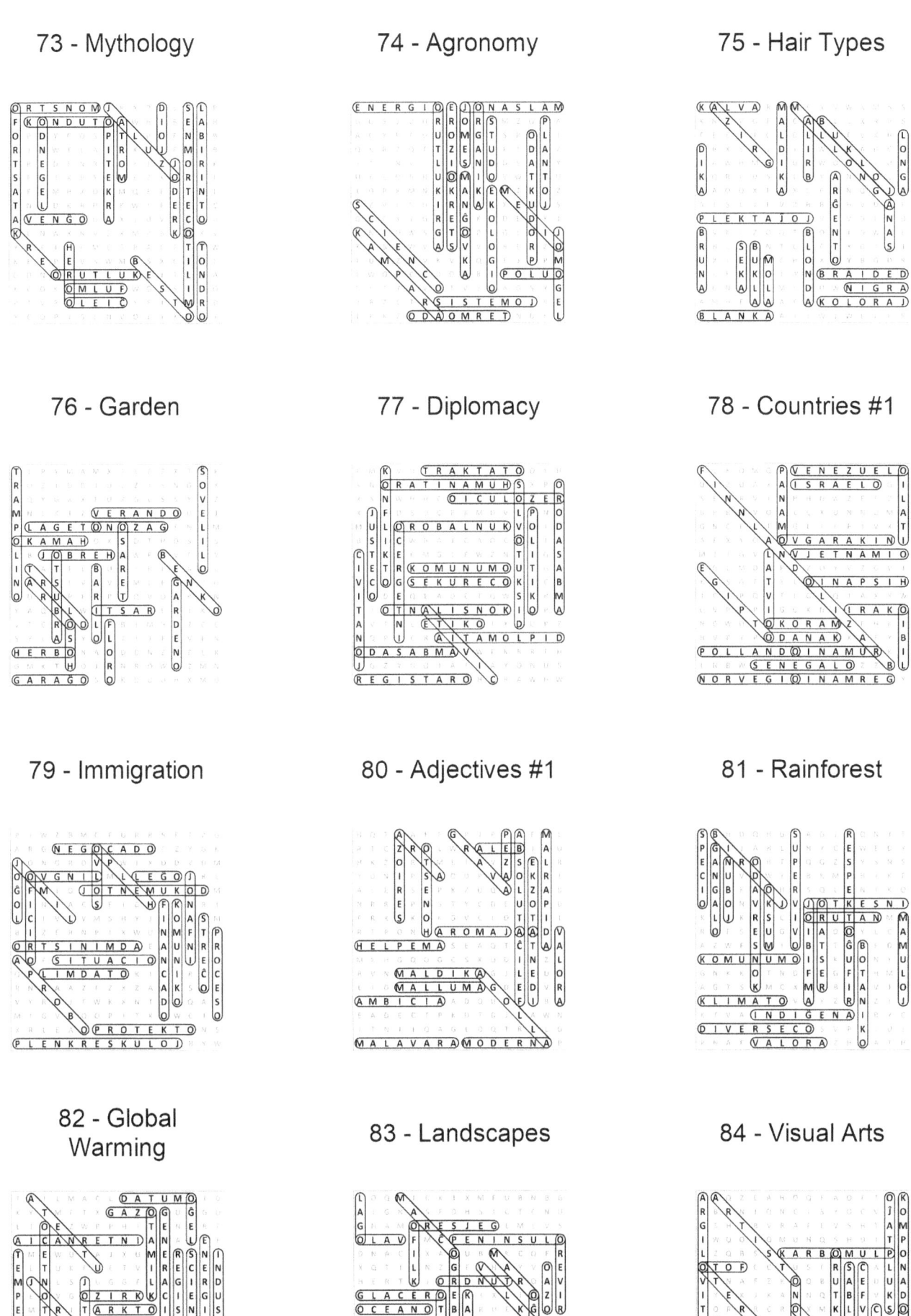

85 - Plants

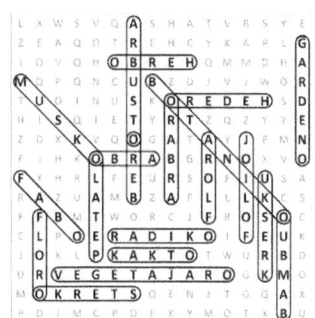

86 - Countries #2

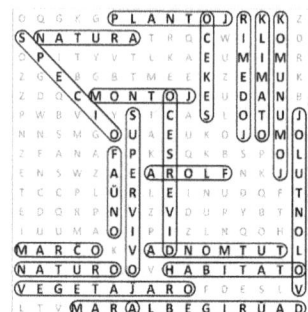

87 - Ecology

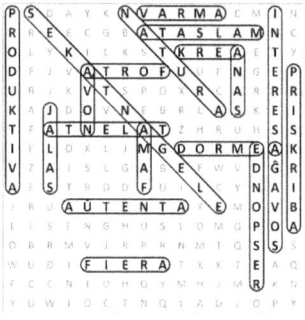

88 - Adjectives #2

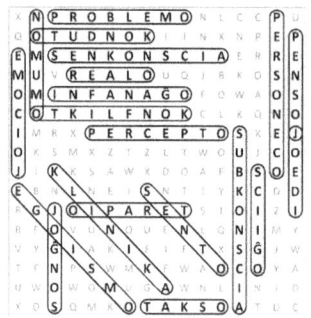

89 - Psychology

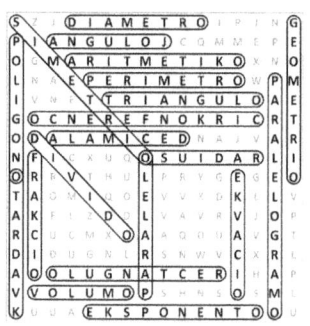

90 - Math

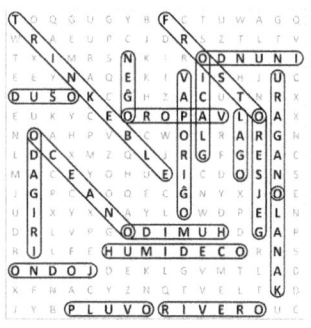

91 - Water

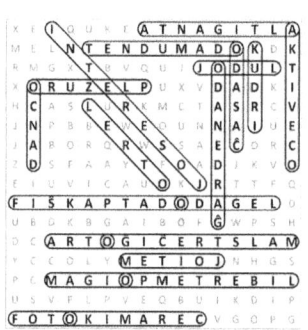

92 - Activities

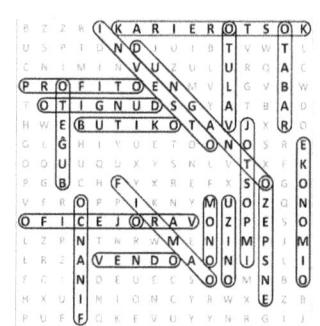

93 - Business

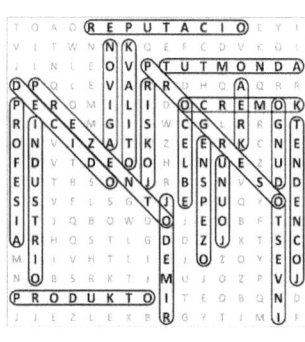

94 - The Company

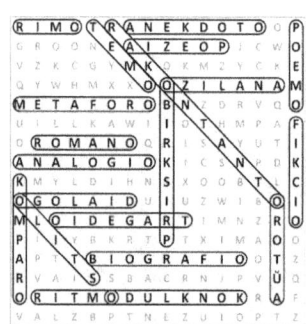

95 - Literature

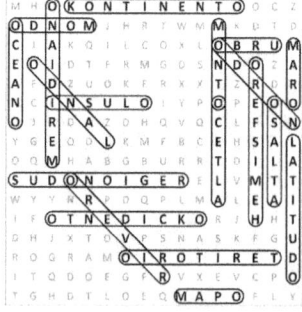

96 - Geography

97 - Jazz

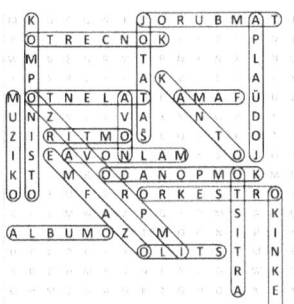

98 - Nature

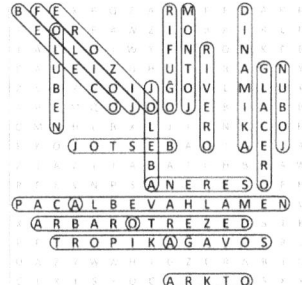

99 - Vacation #2

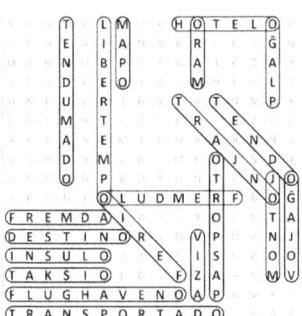

100 - Electricity

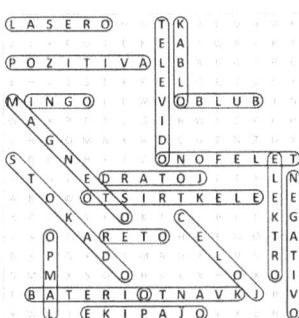

Dictionary

Activities
Agadoj

Activity	Aktiveco
Art	Arto
Camping	Tendumado
Ceramics	Ceramiko
Crafts	Metioj
Dancing	Danco
Fishing	Fiŝkaptado
Games	Ludoj
Gardening	Ĝardenado
Hiking	Altiganta
Hunting	Ĉasado
Interests	Interesoj
Leisure	Libertempo
Magic	Magio
Photography	Foto
Pleasure	Plezuro
Reading	Legado
Relaxation	Malstreĉiĝo
Sewing	Kudri
Skill	Lerto

Adjectives #1
Adjektivoj #1

Absolute	Absoluta
Ambitious	Ambicia
Aromatic	Aromaj
Artistic	Arta
Attractive	Alloga
Beautiful	Bela
Dark	Malluma
Exotic	Ekzota
Generous	Malavara
Happy	Feliĉa
Heavy	Peza
Helpful	Helpema
Honest	Honesto
Identical	Identa
Important	Grava
Modern	Moderna
Serious	Serioza
Slow	Malrapida
Thin	Maldika
Valuable	Valora

Adjectives #2
Adjektivoj #2

Authentic	Aŭtenta
Creative	Krea
Descriptive	Priskriba
Dry	Seka
Elegant	Eleganta
Famous	Fama
Gifted	Talenta
Healthy	Sana
Hot	Varma
Hungry	Malsata
Interesting	Interesa
Natural	Natura
New	Nova
Productive	Produktiva
Proud	Fiera
Responsible	Responde
Salty	Salaj
Sleepy	Dorme
Strong	Forta
Wild	Sovaĝa

Adventure
Aventuro

Activity	Aktiveco
Beauty	Beleco
Bravery	Bravo
Chance	Ŝanco
Dangerous	Danĝera
Destination	Destino
Difficulty	Dificulto
Enthusiasm	Entuziasmo
Excursion	Ekskurso
Friends	Amikoj
Itinerary	Itinero
Joy	Ĝojo
Nature	Naturo
Navigation	Navigado
New	Nova
Preparation	Preparo
Safety	Sekureco
Travels	Vojaĝoj
Unusual	Nekutima

Agronomy
Agronomio

Agriculture	Agrikulturo
Diseases	Malsanoj
Ecology	Ekologio
Energy	Energio
Environment	Medio
Erosion	Erozio
Farming	Termoado
Fertilizer	Sterko
Food	Manĝo
Organic	Organika
Plants	Plantoj
Pollution	Poluo
Production	Produktado
Rural	Kampara
Science	Scienco
Seeds	Semoj
Study	Studo
Systems	Sistemoj
Vegetables	Legomoj
Water	Akvo

Airplanes
Aviadiloj

Adventure	Aventuro
Air	Aero
Altitude	Alteco
Atmosphere	Atmosfero
Balloon	Balono
Construction	Konstruo
Crew	Skipo
Descent	Deveno
Direction	Direkto
Engine	Motoro
Fuel	Fuelo
Height	Alto
History	Historio
Hydrogen	Hidrogeno
Landing	Surteriĝo
Passenger	Pasaĝero
Pilot	Piloto
Propellers	Helicoj
Sky	Ĉielo
Turbulence	Turbuleco

Algebra
Algebro

Diagram	Diagramo
Division	Divido
Equation	Ekvacio
Exponent	Eksponento
Factor	Faktoro
False	Falsa
Formula	Formulo
Fraction	Frakcio
Graph	Grafiko
Infinite	Senfine
Linear	Linia
Matrix	Matrico
Number	Numero
Parenthesis	Parentezo
Problem	Problemo
Simplify	Simpligi
Solution	Solvo
Subtraction	Subtraho
Variable	Variablo
Zero	Nul

Antarctica
Antarkto

Bay	Bajo
Birds	Birdoj
Clouds	Nuboj
Conservation	Konservado
Continent	Kontinento
Cove	Kovo
Environment	Medio
Expedition	Expedicio
Geography	Geografio
Glaciers	Glaĉeroj
Ice	Glacio
Islands	Insuloj
Migration	Migrado
Peninsula	Peninsulo
Researcher	Esploristo
Rocky	Rocky
Scientific	Scienca
Temperature	Temperaturo
Topography	Topografio
Water	Akvo

Antiques
Antikvaĵoj

Art	Arto
Auction	Aŭkcio
Authentic	Aŭtenta
Century	Jarcento
Coins	Moneroj
Decades	Jardekoj
Decorative	Ornamaj
Elegant	Eleganta
Furniture	Meblo
Gallery	Galero
Investment	Investo
Jewelry	Juveloj
Old	Malnova
Price	Prezo
Quality	Kvalito
Restoration	Restaro
Sculpture	Skulptaĵo
Style	Stilo
Unusual	Nekutima
Value	Valoro

Archeology
Arkeologio

Analysis	Analizo
Bones	Ostoj
Civilization	Civilizo
Descendant	Posteulo
Era	Epoko
Evaluation	Takso
Expert	Sperta
Forgotten	Forgesita
Fossil	Fosilo
Fragments	Fragmentoj
Mystery	Mistero
Objects	Celoj
Professor	Profesoro
Relic	Restaĵa
Researcher	Esploristo
Team	Teamo
Temple	Templo
Tomb	Tombo
Unknown	Nekonata
Years	Jaroj

Art Supplies
Arto Provizoj

Acrylic	Akriliko
Brushes	Brosoj
Camera	Fotilo
Chair	Seĝo
Charcoal	Karbo
Clay	Argilo
Colors	Koloroj
Creativity	Kreavo
Easel	Establo
Eraser	Eraser
Glue	Gluo
Ideas	Ideoj
Ink	Inko
Oil	Oleo
Paper	Papero
Pastels	Pasteloj
Pencils	Krajonoj
Table	Tablo
Water	Akvo
Watercolors	Akvareloj

Astronomy
Astronomio

Asteroid	Asteroido
Astronaut	Astronaŭto
Astronomer	Astronomo
Constellation	Konstelacio
Cosmos	Kosmo
Earth	Tero
Eclipse	Eklipso
Equinox	Ekvinokso
Galaxy	Galaksio
Meteor	Meteoro
Moon	Luno
Nebula	Nebula
Observatory	Observatorio
Planet	Planedo
Radiation	Radiado
Rocket	Raketo
Satellite	Satelito
Sky	Ĉielo
Supernova	Supernovao
Zodiac	Zodiako

Ballet
Baleto

Applause	Aplaŭdoj
Artistic	Arta
Audience	Spektantaro
Choreography	Koregrafio
Composer	Komponisto
Dancers	Dancistoj
Expressive	Esprima
Gesture	Gesto
Graceful	Gracia
Intensity	Intenseco
Muscles	Muskoloj
Music	Muziko
Orchestra	Orkestro
Practice	Praktiko
Rehearsal	Provo
Rhythm	Ritmo
Skill	Lerto
Style	Stilo
Technique	Tekniko

Barbecues
Rostokradoj

Chicken	Kokido
Children	Infanoj
Dinner	Vespermanĝo
Family	Familio
Food	Manĝo
Forks	Forkoj
Friends	Amikoj
Fruit	Frukto
Games	Ludoj
Grill	Grilo
Hot	Varma
Hunger	Malsato
Knives	Tranĉiloj
Music	Muziko
Salads	Saladoj
Salt	Salo
Sauce	Saŭco
Summer	Somero
Tomatoes	Tomatoj
Vegetables	Legomoj

Beauty
Beleco

Charm	Ĉarmo
Color	Koloro
Cosmetics	Kosmetikoj
Curls	Bukloj
Elegance	Eleganteco
Elegant	Eleganta
Fragrance	Parfumo
Grace	Grace
Makeup	Konsisto
Mascara	Mascara
Mirror	Spegulo
Photogenic	Fotogénico
Products	Produtoj
Scent	Odoro
Scissors	Tondilo
Services	Servoj
Shampoo	Ŝampuo
Skin	# ha? To
Smooth	Glata
Stylist	Stilisto

Bees
Abeloj

Beneficial	Utila
Blossom	Floro
Diversity	Diverseco
Ecosystem	Ekosistema
Flowers	Floroj
Food	Manĝo
Fruit	Frukto
Garden	Ĝardeno
Habitat	Habitato
Hive	Abelujo
Honey	Mielo
Insect	Insekto
Plants	Plantoj
Pollen	Poleno
Pollinator	Pollinator
Queen	Reĝino
Smoke	Fumo
Sun	Suno
Swarm	Svarmo
Wax	Vakso

Biology
Biologio

Anatomy	Anatomio
Bacteria	Bakterioj
Cell	Ĉelo
Chromosome	Kromosomo
Collagen	Collagen
Embryo	Embrio
Enzyme	Enzimo
Evolution	Evoluo
Hormone	Hormono
Mammal	Mamulo
Mutation	Mutatio
Natural	Natura
Nerve	Nervo
Neuron	Neurono
Osmosis	Osmozo
Photosynthesis	Fotosintezo
Protein	Proteino
Reptile	Reptilio
Symbiosis	Simbiozo
Synapse	Synapse

Birds
Birdoj

Canary	Kanaria
Chicken	Kokido
Crow	Korvo
Cuckoo	Kukolo
Duck	Anaso
Eagle	Aglo
Egg	Ovo
Flamingo	Flamingo
Goose	Ansero
Gull	Mevo
Heron	Ardeo
Ostrich	Struto
Parrot	Papago
Peacock	Pavo
Pelican	Pelikano
Penguin	Pingveno
Sparrow	Pasero
Stork	Cikonio
Swan	Cigno
Toucan	Toucan

Boats
Boatoj

Anchor	Ankro
Buoy	Buo
Canoe	Kanuo
Crew	Skipo
Dock	Doko
Engine	Motoro
Ferry	Primo
Kayak	Kajako
Lake	Lago
Lifeboat	Savboato
Mast	Masto
Nautical	Naŭtika
Ocean	Oceano
Raft	Floso
River	Rivero
Rope	Ŝnuro
Sailboat	Velŝipo
Sailor	Maristo
Sea	Maro
Yacht	Jaĉto

Books
Libroj

Adventure	Aventuro
Author	Aŭtoro
Collection	Kolekto
Context	Kunteksto
Duality	Dueco
Epic	Epopea
Historical	Historia
Humorous	Humura
Inventive	Inventa
Literary	Literatura
Narrator	Rakontanto
Novel	Romano
Page	Paĝo
Poem	Poemo
Poetry	Poezio
Reader	Leganto
Relevant	Relevo
Story	Rakonto
Tragic	Tragika
Written	Skriba

Buildings
Konstruaĵoj

Apartment	Apartamento
Barn	Grenejo
Cabin	Kabano
Castle	Kastelo
Cinema	Kino
Embassy	Ambasado
Factory	Uzino
Hospital	Hospitalo
Hostel	Gastejo
Hotel	Hotelo
Laboratory	Laboratorio
Museum	Muzeo
Observatory	Observatorio
School	Lernejo
Stadium	Stadio
Supermarket	Superbazaro
Tent	Tendo
Theater	Teatro
Tower	Turo
University	Universitato

Business
Komerco

Budget	Buĝeto
Career	Kariero
Company	Firmao
Cost	Kosto
Currency	Valuto
Discount	Rabato
Economics	Ekonomio
Employee	Dungito
Employer	Dunganto
Factory	Uzino
Finance	Financo
Income	Enspezo
Investment	Investo
Merchandise	Varo
Money	Mono
Office	Oficejo
Profit	Profito
Sale	Vendo
Shop	Butiko
Taxes	Impostoj

Camping
Tendumado

Adventure	Aventuro
Animals	Bestoj
Cabin	Kabano
Canoe	Kanuo
Compass	Kompaso
Fire	Fajro
Forest	Arbaro
Fun	Amuza
Hammock	Hamako
Hat	Ĉapelo
Hunting	Ĉasado
Insect	Insekto
Lake	Lago
Map	Mapo
Moon	Luno
Mountain	Monto
Nature	Naturo
Rope	Ŝnuro
Tent	Tendo
Trees	Arboj

Chemistry
Kemio

Acid	Acido
Alkaline	Alkala
Atomic	Atoma
Carbon	Karbono
Catalyst	Katalizilo
Chlorine	Kloro
Electron	Elektrono
Enzyme	Enzimo
Gas	Gazo
Heat	Varmo
Hydrogen	Hidrogeno
Ion	Jono
Liquid	Likva
Molecule	Molekulo
Nuclear	Nuklea
Organic	Organika
Oxygen	Oksigeno
Salt	Salo
Temperature	Temperaturo
Weight	Pezo

Clothes
Vestoj

Apron	Antaŭtuko
Belt	Zono
Blouse	Bluzo
Bracelet	Braceleto
Coat	Mantelo
Dress	Vesto
Fashion	Modo
Gloves	Gantoj
Hat	Ĉapelo
Jacket	Jako
Jewelry	Juveloj
Necklace	Koliero
Pajamas	Piĵamo
Pants	Pantalono
Sandals	Sandaloj
Scarf	Skulo
Shirt	Ĉemizo
Shoe	Ŝuo
Skirt	Jupo
Sweater	Seveter

Countries #1
Landoj #1

Brazil	Brazilo
Canada	Kanado
Egypt	Egipto
Finland	Finnlando
Germany	Germanio
Iraq	Irako
Israel	Israelo
Italy	Italio
Latvia	Latvio
Libya	Libio
Morocco	Maroko
Nicaragua	Nikaragvo
Norway	Norvegio
Panama	Panamo
Poland	Pollando
Romania	Rumanio
Senegal	Senegalo
Spain	Hispanio
Venezuela	Venezuelo
Vietnam	Vjetnamio

Countries #2
Landoj #2

Albania	Albanio
Denmark	Danio
Ethiopia	Etiopio
Greece	Grekio
Haiti	Haitio
Jamaica	Jamajko
Japan	Japanio
Laos	Laoso
Lebanon	Libano
Liberia	Liberio
Mexico	Meksiko
Nepal	Nepalo
Nigeria	Nigerio
Pakistan	Pakistano
Russia	Rusio
Somalia	Somalio
Sudan	Sudano
Syria	Sirio
Uganda	Ugando
Ukraine	Ukrainio

Creativity
Kreivo

Artistic	Arta
Authenticity	Aŭtentikeco
Clarity	Klareco
Dramatic	Draman
Emotions	Emocioj
Expression	Esprimo
Fluidity	Flueco
Ideas	Ideoj
Image	Bildo
Imagination	Imagpovo
Impression	Impreso
Inspiration	Inspiro
Intensity	Intenseco
Intuition	Intuicio
Inventive	Inventa
Sensation	Sento
Skill	Lerto
Spontaneous	Spontanea
Visions	Vizioj
Vitality	Vigleco

Dance
Danco

Academy	Akademio
Art	Arto
Body	Korpo
Choreography	Koregrafio
Classical	Klasika
Cultural	Kultura
Culture	Kulturo
Emotion	Emocio
Expressive	Esprima
Grace	Grace
Joyful	Ĝoja
Movement	Movado
Music	Muziko
Partner	Partnero
Posture	Sinteno
Rehearsal	Provo
Rhythm	Ritmo
Traditional	Tradicia
Visual	Vida

Days and Months
Tagoj kaj Monatoj

April	Aprilo
August	Aŭgusto
Calendar	Kalendaro
February	Februaro
Friday	Vendredo
January	Januaro
July	Julio
March	Marto
Monday	Lundo
Month	Monato
November	Novembro
October	Oktobro
Saturday	Sabato
September	Septembro
Sunday	Dimanĉo
Thursday	Ĵaŭdo
Tuesday	Mardo
Wednesday	Merkredo
Week	Semajno
Year	Jaro

Diplomacy
Diplomatio

Adviser	Konsilanto
Ambassador	Ambasadoro
Citizens	Civitanoj
Civic	Civita
Community	Komunumo
Conflict	Konflikto
Cooperation	Kunlaboro
Diplomatic	Diplomatia
Discussion	Diskuto
Embassy	Ambasado
Ethics	Etiko
Government	Registaro
Humanitarian	Humanitaro
Integrity	Integreco
Justice	Justeco
Politics	Politiko
Resolution	Rezolucio
Security	Sekureco
Solution	Solvo
Treaty	Traktato

Disease
Malsano

Abdominal	Abdomenaj
Allergies	Alergioj
Bacterial	Bakterio
Body	Korpo
Bones	Ostoj
Chronic	Kroniko
Contagious	Kontaĝa
Genetic	Genetiko
Health	Sano
Heart	Koro
Hereditary	Hereda
Immunity	Imuneco
Inflammation	Inflamo
Lumbar	Lumba
Neuropathy	Neuropatio
Pathogens	Patógenos
Respiratory	Spira
Syndrome	Sindromo
Therapy	Terapio
Weak	Malforta

Driving
Veturado

Accident	Akcidento
Brakes	Bremsoj
Car	Aŭto
Danger	Danĝero
Driver	Ŝoforo
Fuel	Fuelo
Garage	Garaĝo
Gas	Gazo
License	Permesilo
Map	Mapo
Motor	Motoro
Motorcycle	Motorciklo
Pedestrian	Piediranto
Police	Polico
Road	Vojo
Safety	Sekureco
Speed	Rapido
Traffic	Trafiko
Truck	Kamiono
Tunnel	Tunelo

Ecology
Ekologio

Climate	Klimato
Communities	Komunumoj
Diversity	Diverseco
Drought	Sekeco
Fauna	Faŭno
Flora	Flora
Global	Tutmonda
Habitat	Habitato
Marine	Mara
Marsh	Marĉo
Mountains	Montoj
Natural	Natura
Nature	Naturo
Plants	Plantoj
Resources	Rimedoj
Species	Specio
Survival	Supervivo
Sustainable	Daŭrigebla
Vegetation	Vegetaĵaro
Volunteers	Volontuloj

Electricity
Elektro

Battery	Baterio
Bulb	Bulbo
Cable	Kablo
Electric	Elektro
Electrician	Elektristo
Equipment	Ekipaĵo
Generator	Generatoro
Lamp	Lampo
Laser	Lasero
Magnet	Magneto
Negative	Negativo
Network	Reto
Objects	Celoj
Positive	Pozitiva
Quantity	Kvanto
Socket	Ingo
Storage	Stokado
Telephone	Telefono
Television	Televido
Wires	Dratoj

Energy
Energio

Battery	Baterio
Carbon	Karbono
Diesel	Dezelo
Electric	Elektro
Electron	Elektrono
Entropy	Entropio
Environment	Medio
Fuel	Fuelo
Gasoline	Benzino
Heat	Varmo
Hydrogen	Hidrogeno
Industry	Industrio
Motor	Motoro
Nuclear	Nuklea
Photon	Fotono
Pollution	Poluo
Renewable	Renovigebla
Steam	Vaporo
Turbine	Turbino
Wind	Vento

Engineering
Inĝenieristiko

Angle	Angulo
Axis	Akso
Calculation	Kalkulo
Construction	Konstruo
Depth	Profundo
Diagram	Diagramo
Diameter	Diametro
Diesel	Dezelo
Distribution	Distribuo
Energy	Energio
Friction	Frotado
Gears	Ilaroj
Levers	Leviloj
Liquid	Likva
Machine	Maŝino
Measurement	Mezurado
Motor	Motoro
Stability	Stabileco
Strength	Forto
Structure	Strukturo

Ethics
Etiko

Altruism	Altruismo
Compassion	Kompato
Cooperation	Kunlaboro
Dignity	Digno
Diplomatic	Diplomatia
Honesty	Honesteco
Humanity	Homaro
Individualism	Individuismo
Integrity	Integreco
Optimism	Optimismo
Patience	Pacienco
Philosophy	Filozofio
Rationality	Racieco
Realism	Realismo
Reasonable	Akceptebla
Respectful	Respekta
Tolerance	Toleremo
Values	Valoroj
Wisdom	Saĝo

Family
Familio

Ancestor	Prapatro
Aunt	Onklino
Brother	Frato
Child	Infano
Childhood	Infanaĝo
Children	Infanoj
Cousin	Kuzo
Daughter	Filino
Father	Patro
Grandfather	Avo
Grandson	Nepo
Husband	Edzo
Maternal	Patrina
Mother	Patrino
Nephew	Nevo
Niece	Nevino
Paternal	Patra
Sister	Fratino
Uncle	Onklo
Wife	Edzino

Farm #1
Bieno #1

Agriculture	Agrikulturo
Bee	Abelo
Calf	Bovido
Cat	Kato
Chicken	Kokido
Cow	Bovino
Crow	Korvo
Dog	Hundo
Donkey	Azeno
Fence	Barilo
Fertilizer	Sterko
Field	Kampo
Flock	Grego
Goat	Kapro
Hay	Fojno
Honey	Mielo
Horse	Ĉevalo
Rice	Rizo
Seeds	Semoj
Water	Akvo

Farm #2
Bieno #2

Animals	Bestoj
Barley	Hordeo
Barn	Grenejo
Corn	Maizo
Duck	Anaso
Farmer	Kulturo
Food	Manĝo
Fruit	Frukto
Geese	Anseroj
Irrigation	Irigado
Lamb	Ŝafido
Llama	Lamo
Meadow	Herbejo
Milk	Lakto
Ripe	Matura
Sheep	Ŝafo
Tractor	Tractor
Vegetable	Legomo
Wheat	Tritiko

Fashion
Modo

Boutique	Boutique
Buttons	Butonoj
Clothing	Vesto
Comfortable	Komforta
Elegant	Eleganta
Embroidery	Bromado
Expensive	Kosta
Fabric	Tifo
Lace	Punto
Measurements	Mezurado
Minimalist	Minimalista
Modern	Moderna
Modest	Modesta
Original	Originala
Pattern	Skemo
Practical	Praktika
Simple	Simpla
Style	Stilo
Texture	Teksturo
Trend	Tendenco

Fishing
Fiŝkaptado

Bait	Logaĵo
Basket	Korbo
Beach	Plaĝo
Boat	Boato
Cook	Kuiristo
Equipment	Ekipaĵo
Exaggeration	Troigo
Fins	Naĝiloj
Gills	Brikoj
Hook	Hoko
Jaw	Makzelo
Lake	Lago
Ocean	Oceano
Patience	Pacienco
River	Rivero
Season	Sezono
Water	Akvo
Weight	Pezo
Wire	Drato

Food #1
Manĝaĵo Numero 1

Apricot	Abrikoto
Barley	Hordeo
Basil	Bazilo
Carrot	Karoto
Cinnamon	Cinamo
Garlic	Ajlo
Juice	Suko
Lemon	Citrono
Milk	Lakto
Onion	Cepo
Peanut	Arakido
Pear	Piro
Salad	Salato
Salt	Salo
Soup	Supo
Spinach	Spinaco
Strawberry	Frago
Sugar	Sukero
Tuna	Tinuso
Turnip	Rapo

Food #2
Manĝaĵo #2

Apple	Pomo
Artichoke	Artiŝoko
Banana	Banano
Broccoli	Brokolo
Celery	Celerio
Cheese	Fromaĝo
Cherry	Ĉerizo
Chicken	Kokido
Chocolate	Ĉokolado
Egg	Ovo
Eggplant	Melanzo
Fish	Fiŝo
Grape	Vinbero
Ham	Ŝinko
Kiwi	Kivo
Mushroom	Fungo
Rice	Rizo
Tomato	Tomato
Wheat	Tritiko
Yogurt	Jogurto

Force and Gravity
Forto kaj Gravito

Axis	Akso
Center	Centro
Discovery	Elkovo
Distance	Distanco
Dynamic	Dinamika
Expansion	Expanso
Friction	Frotado
Impact	Efiko
Magnetism	Magnetismo
Mechanics	Mekaniko
Motion	Movo
Orbit	Orbito
Physics	Fiziko
Planets	Planedoj
Pressure	Premo
Properties	Propraĵoj
Speed	Rapido
Time	Tempo
Universal	Universala
Weight	Pezo

Fruit
Frukto

Apple	Pomo
Apricot	Abrikoto
Avocado	Avokado
Banana	Banano
Berry	Bero
Cherry	Ĉerizo
Coconut	Kokoso
Fig	Figo
Grape	Vinbero
Guava	Guvavo
Kiwi	Kivo
Lemon	Citrono
Mango	Mango
Melon	Melono
Nectarine	Nektarino
Papaya	Papajo
Peach	Persiko
Pear	Piro
Pineapple	Ananaso
Raspberry	Frambo

Garden
Ĝardeno

Bench	Benko
Bush	Arbusto
Fence	Barilo
Flower	Floro
Garage	Garaĝo
Garden	Ĝardeno
Grass	Herbo
Hammock	Hamako
Hose	Hoso
Lawn	Gazono
Pond	Lageto
Porch	Verando
Rake	Rasti
Shovel	Ŝovelilo
Soil	Trulo
Terrace	Teraso
Trampoline	Trampolino
Tree	Arbo
Weeds	Herboj

Gardening
? Ardenado

Blossom	Floro
Botanical	Botaniko
Bouquet	Bukedo
Climate	Klimato
Compost	Komposto
Container	Ujo
Dirt	Malpuraĵo
Edible	Manĝebla
Exotic	Ekzota
Floral	Flora
Foliage	Folioj
Hose	Hoso
Leaf	Folio
Moisture	Humido
Seasonal	Sezona
Seeds	Semoj
Soil	Trulo
Species	Specio
Water	Akvo

Geography
Geografio

Altitude	Alteco
Atlas	Atlaso
City	Urbo
Continent	Kontinento
Country	Lando
Hemisphere	Hemisfero
Island	Insulo
Latitude	Latitudo
Map	Mapo
Meridian	Meridiano
Mountain	Monto
North	Nordo
Ocean	Oceano
Region	Regiono
River	Rivero
Sea	Maro
South	Sudo
Territory	Teritorio
West	Okcidento
World	Mondo

Geology
Geologio

Acid	Acido
Calcium	Kalcio
Cavern	Kaverno
Continent	Kontinento
Coral	Koralo
Crystals	Kristaloj
Cycles	Cikloj
Earthquake	Tertremo
Erosion	Erozio
Fossil	Fosilo
Geyser	Gejsero
Lava	Lavo
Layer	Tavolo
Minerals	Mineraloj
Plateau	Altebenaĵo
Quartz	Kvarco
Salt	Salo
Stalactite	Stalaktito
Stone	Ŝtono
Volcano	Vulkano

Geometry
Geometrio

Angle	Angulo
Calculation	Kalkulo
Circle	Cirklo
Curve	Kurbo
Diameter	Diametro
Dimension	Dimensio
Equation	Ekvacio
Height	Alto
Horizontal	Horizontala
Logic	Logiko
Mass	Maso
Median	Mediano
Number	Numero
Parallel	Paralelo
Proportion	Proporcio
Segment	Segmento
Surface	Surfaco
Symmetry	Simetrio
Theory	Teorio
Triangle	Triangulo

Global Warming
Tutmonda # Varmi? O

Arctic	Arkto
Attention	Atentu
Climate	Klimato
Crisis	Krizo
Data	Datumo
Development	Evoluo
Energy	Energio
Environmental	Media
Future	Estonteco
Gas	Gazo
Generations	Generacioj
Government	Registaro
Habitats	Habitatoj
Industry	Industrio
International	Internacia
Legislation	Leĝo
Now	Nun
Populations	Loĝantaroj
Scientist	Sciencisto
Temperatures	Temperaturoj

Government
Registaro

Citizenship	Civitano
Civil	Civila
Constitution	Konstitucio
Democracy	Demokratio
Discussion	Diskuto
District	Distrikto
Equality	Egaleco
Independence	Independence
Judicial	Juĝaj
Justice	Justeco
Law	Leĝo
Leader	Gvidanto
Liberty	Libereco
Monument	Monumento
Nation	Nacio
Peaceful	Paca
Politics	Politiko
Speech	Parolado
State	Stato
Symbol	Simbolo

Hair Types
Haraj Tipoj

Bald	Kalva
Black	Nigra
Blond	Blonda
Braided	Braided
Braids	Plektaĵoj
Brown	Bruna
Colored	Koloraj
Curls	Bukloj
Curly	Bukla
Dry	Seka
Gray	Griza
Healthy	Sana
Long	Longa
Shiny	Brila
Short	Mallonga
Silver	Arĝento
Soft	Mola
Thick	Dika
Thin	Maldika
White	Blanka

Health and Wellness #1
Sano kaj Wellness #1

Active	Aktiva
Bacteria	Bakterioj
Bones	Ostoj
Clinic	Kliniko
Doctor	Doktoro
Fracture	Frakturo
Habit	Kutimo
Height	Alto
Hormones	Hormonoj
Hunger	Malsato
Medicine	Medicino
Muscles	Muskoloj
Nerves	Nervoj
Pharmacy	Apoteko
Reflex	Reflekso
Relaxation	Malstreĉiĝo
Skin	# ha? To
Therapy	Terapio
Treatment	Traktado
Virus	Viruso

Health and Wellness #2
Sano kaj Wellness #2

Allergy	Alergio
Anatomy	Anatomio
Appetite	Apetito
Blood	Sango
Calorie	Kalorio
Dehydration	# Senakvi? O
Diet	Dieto
Disease	Malsano
Energy	Energio
Genetics	Genetiko
Healthy	Sana
Hospital	Hospitalo
Hygiene	Higieno
Infection	Infekto
Massage	Masaĝo
Nutrition	Nutrado
Recovery	Retrovo
Stress	Streĉo
Vitamin	Vitamino
Weight	Pezo

Herbalism
Herbalism

Aromatic	Aromaj
Basil	Bazilo
Beneficial	Utila
Culinary	Kulinara
Fennel	Fenkolo
Flavor	Gusto
Flower	Floro
Garden	Ĝardeno
Garlic	Ajlo
Green	Verda
Ingredient	Ingredienco
Lavender	Lavendo
Marjoram	Marĝoromo
Mint	Mento
Oregano	Origano
Parsley	Petroselo
Plant	Planto
Rosemary	Romero
Saffron	Safrano
Tarragon	Tarragon

Hiking
Altiganta

Animals	Bestoj
Boots	Botoj
Camping	Tendumado
Cliff	Klifo
Climate	Klimato
Guides	Gvidiloj
Heavy	Peza
Map	Mapo
Mountain	Monto
Nature	Naturo
Orientation	Orientiĝo
Parks	Parkoj
Preparation	Preparo
Stones	Ŝtonoj
Summit	Punto
Sun	Suno
Tired	Laca
Water	Akvo
Weather	Vetero
Wild	Sovaĝa

House
Domo

Attic	Subtegmento
Broom	Balao
Curtains	Kurtenoj
Door	Pordo
Fence	Barilo
Fireplace	Fajro
Floor	Planko
Furniture	Meblo
Garage	Garaĝo
Garden	Ĝardeno
Keys	Ŝlosiloj
Kitchen	Kuirejo
Lamp	Lampo
Library	Biblioteko
Mirror	Spegulo
Roof	Tegmento
Room	Ĉambro
Shower	Duŝo
Wall	Muro
Window	Fenestro

Human Body
Homa Korpo

Ankle	Maleolo
Blood	Sango
Bones	Ostoj
Brain	Cerbo
Chin	Mentono
Ear	Orelo
Elbow	Kubuto
Face	Vizaĝo
Finger	Fingro
Hand	Mano
Head	Kapo
Heart	Koro
Jaw	Makzelo
Knee	Genuo
Leg	Kruro
Mouth	Buŝo
Neck	Kolo
Nose	Nazo
Shoulder	Ŝultro
Skin	# ha? To

Immigration
Enmigrado

Administration	Administro
Adults	Plenkreskuloj
Aid	Helpo
Approval	Aprobo
Borders	Limoj
Children	Infanoj
Communication	Komuniko
Deadline	Limdato
Documents	Dokumentoj
Funding	Financado
Housing	Loĝoj
Language	Lingvo
Law	Leĝo
Negotiation	Negocado
Officer	Oficiro
Process	Proceso
Protection	Protekto
Situation	Situacio
Solution	Solvo
Stress	Streĉo

Jazz
Ĵazo

Album	Albumo
Applause	Aplaŭdoj
Artist	Artisto
Composer	Komponisto
Composition	Komponado
Concert	Koncerto
Drums	Tamburoj
Emphasis	Emfazo
Famous	Fama
Favorites	Ŝatatoj
Improvisation	Improvizo
Music	Muziko
New	Nova
Old	Malnova
Orchestra	Orkestro
Rhythm	Ritmo
Song	Kanto
Style	Stilo
Talent	Talento
Technique	Tekniko

Kitchen
Kuirejo

Apron	Antaŭtuko
Bowl	Bovlo
Chopsticks	Chopsticks
Cups	Tasoj
Food	Manĝo
Forks	Forkoj
Freezer	Frostujo
Grill	Grilo
Jar	Vazo
Jug	Kruĉo
Kettle	Kaldrono
Knives	Trančiloj
Ladle	Ĉerpilo
Napkin	Buŝtuko
Oven	Forno
Recipe	Recepto
Refrigerator	Fridujo
Spices	Specoj
Sponge	Spongo
Spoons	Kuleroj

Landscapes
Pejzaĝoj

Beach	Plaĝo
Cave	Kaverno
Cliff	Klifo
Desert	Dezerto
Geyser	Gejsero
Glacier	Glacero
Iceberg	Glacebergo
Island	Insulo
Lake	Lago
Mountain	Monto
Oasis	Oazo
Ocean	Oceano
Peninsula	Peninsulo
River	Rivero
Sea	Maro
Swamp	Marĉo
Tundra	Tundro
Valley	Valo
Volcano	Vulkano
Waterfall	Akvofalo

Literature
Literaturo

Analogy	Analogio
Analysis	Analizo
Anecdote	Anekdoto
Author	Aŭtoro
Biography	Biografio
Comparison	Komparo
Conclusion	Konkludo
Description	Priskribo
Dialogue	Dialogo
Fiction	Fikcio
Metaphor	Metaforo
Narrator	Rakontanto
Novel	Romano
Poem	Poemo
Poetic	Poezia
Rhyme	Rimo
Rhythm	Ritmo
Style	Stilo
Theme	Temo
Tragedy	Tragedio

Mammals
Mamuloj

Bear	Urso
Beaver	Kastoro
Bull	Virbovo
Cat	Kato
Coyote	Kojoto
Dog	Hundo
Dolphin	Delfeno
Elephant	Elefanto
Fox	Vulpo
Giraffe	Ĝirafo
Gorilla	Gorilo
Horse	Ĉevalo
Kangaroo	Kanguruo
Lion	Leono
Monkey	Simio
Rabbit	Kuniklo
Sheep	Ŝafo
Whale	Baleno
Wolf	Lupo
Zebra	Zebro

Math
Matematiko

Angles	Anguloj
Arithmetic	Aritmetiko
Circumference	Cirkonferenco
Decimal	Decimala
Diameter	Diametro
Division	Divido
Equation	Ekvacio
Exponent	Eksponento
Fraction	Frakcio
Geometry	Geometrio
Parallel	Paralelo
Parallelogram	Paralelogramo
Perimeter	Perimetro
Polygon	Poligono
Radius	Radiuso
Rectangle	Rectangulo
Square	Kvadrato
Symmetry	Simetrio
Triangle	Triangulo
Volume	Volumo

Measurements
Mezuradoj

Byte	Bajto
Centimeter	Centimetro
Decimal	Decimala
Degree	Grado
Depth	Profundo
Gram	Gramo
Height	Alto
Inch	Colo
Kilogram	Kilogramo
Kilometer	Kilometro
Length	Longo
Liter	Litro
Mass	Maso
Meter	Metro
Minute	Minuto
Ounce	Unco
Ton	Tuno
Volume	Volumo
Weight	Pezo
Width	Larĝo

Meditation
Meditado

Acceptance	Akcepto
Attention	Atentu
Awake	Maldorma
Breathing	Spirado
Calm	Trankvile
Clarity	Klareco
Compassion	Kompato
Emotions	Emocioj
Gratitude	Dankon
Habits	Kutimoj
Happiness	Feliĉo
Mental	Menta
Mind	Menso
Movement	Movado
Music	Muziko
Nature	Naturo
Peace	Paco
Perspective	Perspektivo
Silence	Silento
Thoughts	Pensoj

Music
Muziko

Album	Albumo
Ballad	Balado
Chorus	Ĥoro
Classical	Klasika
Eclectic	Eklektiko
Harmonic	Harmoniko
Harmony	Harmonio
Lyrical	Liriko
Melody	Melodio
Microphone	Mikrofono
Musical	Muzika
Musician	Muzikisto
Opera	Opero
Poetic	Poezia
Recording	Registro
Rhythm	Ritmo
Rhythmic	Ritma
Sing	Kantu
Singer	Kantisto
Vocal	Voĉo

Mythology
Mitologio

Archetype	Arketipo
Behavior	Konduto
Beliefs	Kredoj
Creation	Kreo
Creature	Besto
Culture	Kulturo
Deities	Dioj
Disaster	Katastrofo
Heaven	Ĉielo
Hero	Heroo
Immortality	Senmorteco
Jealousy	Ĵaluzo
Labyrinth	Labirinto
Legend	Legendo
Lightning	Fulmo
Monster	Monstro
Mortal	Morta
Revenge	Venĝo
Thunder	Tondro
Warrior	Milito

Nature
Naturo

Animals	Bestoj
Arctic	Arkto
Beauty	Beleco
Bees	Abeloj
Clouds	Nuboj
Desert	Dezerto
Dynamic	Dinamika
Erosion	Erozio
Fog	Nebulo
Foliage	Folioj
Forest	Arbaro
Glacier	Glacero
Mountains	Montoj
Peaceful	Paca
River	Rivero
Sanctuary	Rifuĝo
Serene	Serena
Tropical	Tropika
Vital	Nemalhavebla
Wild	Sovaĝa

Numbers
Nombroj

Decimal	Decimala
Eight	Ok
Eighteen	Dek Ok
Fifteen	Dek Kvin
Five	Kvin
Four	Kvar
Fourteen	Dek Kvar
Nine	Naŭ
Nineteen	Dek Naŭ
One	Unu
Seven	Sep
Seventeen	Dek Sep
Six	Ses
Sixteen	Dek Ses
Ten	Dek
Thirteen	Dek Tri
Three	Tri
Twelve	Dek Du
Twenty	Dudek
Two	Du

Nutrition
Nutrado

Appetite	Apetito
Balanced	Ekvilibra
Bitter	Amara
Calories	Kalorioj
Diet	Dieto
Digestion	Digesto
Edible	Manĝebla
Fermentation	Fermentado
Flavor	Gusto
Habits	Kutimoj
Health	Sano
Healthy	Sana
Liquids	Likvaĵoj
Nutrient	# Nutra? O
Proteins	Proteinoj
Quality	Kvalito
Sauce	Saŭco
Toxin	Toksino
Vitamin	Vitamino
Weight	Pezo

Ocean
Oceano

Algae	Algoj
Coral	Koralo
Crab	Krabo
Dolphin	Delfeno
Eel	Angilo
Fish	Fiŝo
Jellyfish	Meduzoj
Octopus	Polpo
Oyster	Ostro
Reef	Rifo
Salt	Salo
Seaweed	Algo
Shark	Ŝarko
Shrimp	Salikoko
Sponge	Spongo
Storm	Ŝtormo
Tuna	Tinuso
Turtle	Testudo
Waves	Ondoj
Whale	Baleno

Philanthropy
Filantropio

Charity	Bonfarado
Children	Infanoj
Community	Komunumo
Contacts	Kontaktoj
Finance	Financo
Funds	Fundoj
Generosity	Malavareco
Global	Tutmonda
Goals	Celoj
Groups	Grupoj
History	Historio
Honesty	Honesteco
Humanity	Homaro
Mission	Misio
Need	Devas
People	Homoj
Programs	Programoj
Public	Publiko
Youth	Junulo

Physics
Fiziko

Acceleration	Akcelo
Atom	Atomo
Chaos	Kaoso
Chemical	Kemiko
Density	Denso
Electron	Elektrono
Engine	Motoro
Formula	Formulo
Frequency	Frekvenco
Gas	Gazo
Magnetism	Magnetismo
Mass	Maso
Mechanics	Mekaniko
Molecule	Molekulo
Nuclear	Nuklea
Particle	Partiklo
Relativity	Relativeco
Speed	Rapido
Universal	Universala
Velocity	Rapideco

Plants
Plantoj

Bamboo	Bambuo
Bean	Fabo
Berry	Bero
Botany	Botaniko
Bush	Arbusto
Cactus	Kakto
Fertilizer	Sterko
Flora	Flora
Flower	Floro
Foliage	Folioj
Forest	Arbaro
Garden	Ĝardeno
Grass	Herbo
Grow	Kresku
Ivy	Hedero
Moss	Musko
Petal	Petalo
Root	Radiko
Tree	Arbo
Vegetation	Vegetaĵaro

Professions #1
Profesioj #1

Ambassador	Ambasadoro
Astronomer	Astronomo
Attorney	Advokato
Banker	Bankisto
Cartographer	Kartografo
Coach	Trejnisto
Dancer	Dancisto
Doctor	Doktoro
Editor	Redaktoro
Geologist	Geologo
Hunter	Ĉasisto
Jeweler	Juvelisto
Musician	Muzikisto
Nurse	Vartistino
Pianist	Pianisto
Plumber	Plumbisto
Psychologist	Psikologo
Sailor	Maristo
Tailor	Tajloro
Veterinarian	Veterinaro

Professions #2
Profesioj #2

Astronaut	Astronaŭto
Biologist	Biologo
Dentist	Dentisto
Detective	Detektivo
Engineer	Inĝeniero
Farmer	Kulturo
Gardener	Ĝardenisto
Illustrator	Ilustristo
Inventor	Inventinto
Journalist	Ĵurnalisto
Librarian	Bibliotecario
Linguist	Lingvisto
Painter	Pentristo
Philosopher	Filozofo
Photographer	Fotisto
Physician	Kuracisto
Pilot	Piloto
Surgeon	Kirurgo
Teacher	Instruisto
Zoologist	Zoologo

Psychology
Psikologio

Appointment	Nomumo
Assessment	Takso
Behavior	Konduto
Childhood	Infanaĝo
Clinical	Klinika
Cognition	Sciiĝo
Conflict	Konflikto
Dreams	Sonĝoj
Ego	Egoismo
Emotions	Emocioj
Ideas	Ideoj
Perception	Percepto
Personality	Personeco
Problem	Problemo
Reality	Realo
Sensation	Sento
Subconscious	Subkonscia
Therapy	Terapio
Thoughts	Pensoj
Unconscious	Senkonscia

Rainforest
Pluvarbaro

Amphibians	Amfibioj
Birds	Birdoj
Botanical	Botaniko
Climate	Klimato
Clouds	Nuboj
Community	Komunumo
Diversity	Diverseco
Indigenous	Indiĝena
Insects	Insektoj
Jungle	Ĝangalo
Mammals	Mamuloj
Moss	Musko
Nature	Naturo
Preservation	Konservado
Refuge	Rifuĝo
Respect	Respekto
Restoration	Restaro
Species	Specio
Survival	Supervivo
Valuable	Valora

Restaurant #2
Restoracio #2

Beverage	Trinkaĵo
Cake	Kuko
Chair	Seĝo
Delicious	Bonaj
Dinner	Vespermanĝo
Eggs	Ovoj
Fish	Fiŝo
Fork	Forko
Fruit	Frukto
Ice	Glacio
Lunch	Tagmanĝo
Salad	Salato
Salt	Salo
Soup	Supo
Spices	Specoj
Spoon	Kulero
Vegetables	Legomoj
Waiter	Kelnero
Water	Akvo

Science
Scienco

Atom	Atomo
Chemical	Kemiko
Climate	Klimato
Data	Datumo
Evolution	Evoluo
Experiment	Eksperimento
Fact	Fakto
Fossil	Fosilo
Gravity	Gravito
Hypothesis	Hipotezo
Laboratory	Laboratorio
Method	Metodo
Minerals	Mineraloj
Molecules	Molekuloj
Nature	Naturo
Organism	Organismo
Particles	Eroj
Physics	Fiziko
Plants	Plantoj
Scientist	Sciencisto

Science Fiction
Sciencfikcio

Atomic	Atoma
Books	Libroj
Cinema	Kino
Dystopia	Distopio
Explosion	Eksplodo
Extreme	Ekstrema
Fantastic	Mirinda
Fire	Fajro
Futuristic	Futurista
Galaxy	Galaksio
Illusion	Iluzio
Imaginary	Imaga
Mysterious	Mistera
Novels	Romanoj
Oracle	Orakolo
Planet	Planedo
Robots	Robotoj
Technology	Teknologio
Utopia	Utopio
World	Mondo

Scientific Disciplines
Sciencaj Disciplinoj

Anatomy	Anatomio
Archaeology	Arkeologio
Astronomy	Astronomio
Biochemistry	Biokemio
Biology	Biologio
Botany	Botaniko
Chemistry	Kemio
Ecology	Ekologio
Geology	Geologio
Immunology	Imunologio
Kinesiology	Kinesiology
Linguistics	Lingvistiko
Mechanics	Mekaniko
Mineralogy	Mineralogio
Neurology	Neurologio
Physiology	Fiziologio
Psychology	Psikologio
Sociology	Sociologio
Thermodynamics	Termodinamiko
Zoology	Zoologio

Shapes
Formoj

Arc	Arko
Circle	Cirklo
Cone	Konuso
Corner	Angulo
Cube	Kubo
Curve	Kurbo
Cylinder	Cilindro
Edges	Randoj
Ellipse	Elipso
Hyperbola	Hiperbolo
Line	Linio
Oval	Ovala
Polygon	Poligono
Prism	Prismo
Pyramid	Piramido
Rectangle	Rectangulo
Side	Flanko
Sphere	Sfero
Square	Kvadrato
Triangle	Triangulo

Spices
Spicoj

Anise	Anizo
Bitter	Amara
Cardamom	Cardamom
Cinnamon	Cinamo
Coriander	Koriandro
Cumin	Kumino
Curry	Curry
Fennel	Fenkolo
Fenugreek	Fenugroko
Flavor	Gusto
Garlic	Ajlo
Ginger	Zingibro
Licorice	Glikorico
Nutmeg	Nutmeg
Onion	Cepo
Pepper	Pipro
Saffron	Safrano
Salt	Salo
Sweet	Dolĉa
Vanilla	Vanilo

The Company
La Firmao

Business	Komerco
Creative	Krea
Decision	Decido
Employment	Dungo
Global	Tutmonda
Industry	Industrio
Innovative	Noviga
Investment	Investo
Possibility	Ebleco
Presentation	Prezento
Product	Produkto
Professional	Profesia
Progress	Progreso
Quality	Kvalito
Reputation	Reputacio
Resources	Rimedoj
Revenue	Enspezo
Risks	Riskoj
Trends	Tendencoj
Units	Unuoj

The Media
La Amaskomunikilaro

Attitudes	Sintenoj
Commercial	Komerca
Communication	Komuniko
Digital	Digitalo
Edition	Eldono
Education	Eduko
Facts	Faktoj
Funding	Financado
Individual	Individuo
Industry	Industrio
Intellectual	Intelekta
Local	Loka
Magazines	Revuoj
Network	Reto
Newspapers	Gazetoj
Online	Rete
Opinion	Opinio
Photos	Fotoj
Public	Publiko
Radio	Radio

Time
Tempo

Before	Antaŭ
Calendar	Kalendaro
Century	Jarcento
Clock	Horloĝo
Day	Tago
Decade	Jardeko
Early	Frue
Future	Estonteco
Hour	Hora
Minute	Minuto
Month	Monato
Morning	Mateno
Night	Nokto
Noon	Tagmezo
Now	Nun
Soon	Baldaŭ
Today	Hodiaŭ
Week	Semajno
Year	Jaro
Yesterday	Hieraŭ

Town
Urbo

Airport	Flughaveno
Bakery	Bakejo
Bank	Banko
Bookstore	Librejo
Cinema	Kino
Clinic	Kliniko
Florist	Floristo
Gallery	Galero
Hotel	Hotelo
Library	Biblioteko
Market	Merkato
Museum	Muzeo
Pharmacy	Apoteko
School	Lernejo
Stadium	Stadio
Store	Vendejo
Supermarket	Superbazaro
Theater	Teatro
University	Universitato
Zoo	Zoo

Universe
Universo

Asteroid	Asteroido
Astronomer	Astronomo
Astronomy	Astronomio
Atmosphere	Atmosfero
Celestial	Ĉiela
Cosmic	Kosma
Darkness	Mallumo
Equator	Ekvatoro
Galaxy	Galaksio
Hemisphere	Hemisfero
Horizon	Horizonto
Latitude	Latitudo
Moon	Luno
Orbit	Orbito
Sky	Ĉielo
Solar	Suna
Solstice	Solstico
Telescope	Teleskopo
Visible	Videble
Zodiac	Zodiako

Vacation #2
Ferio #2

Airport	Flughaveno
Beach	Plaĝo
Camping	Tendumado
Destination	Destino
Foreign	Fremda
Foreigner	Fremdulo
Holiday	Ferio
Hotel	Hotelo
Island	Insulo
Journey	Vojaĝo
Leisure	Libertempo
Map	Mapo
Mountains	Montoj
Passport	Pasporto
Sea	Maro
Taxi	Taksio
Tent	Tendo
Train	Trajno
Transportation	Transportado
Visa	Viza

Vegetables
Legomoj

Artichoke	Artiŝoko
Broccoli	Brokolo
Carrot	Karoto
Cauliflower	Florbrasiko
Celery	Celerio
Cucumber	Kukumo
Eggplant	Melanzo
Garlic	Ajlo
Ginger	Zingibro
Mushroom	Fungo
Onion	Cepo
Parsley	Petroselo
Pea	Pizo
Pumpkin	Kukurbo
Radish	Rafano
Salad	Salato
Shallot	Shallot
Spinach	Spinaco
Tomato	Tomato
Turnip	Rapo

Vehicles
Veturiloj

Airplane	Aviadilo
Ambulance	Ambulanco
Bicycle	Biciklo
Boat	Boato
Bus	Buso
Car	Aŭto
Caravan	Karavano
Ferry	Primo
Helicopter	Helikoptero
Motor	Motoro
Raft	Floso
Rocket	Raketo
Scooter	Skotero
Shuttle	Pramo
Submarine	Submarŝipo
Subway	Metroo
Taxi	Taksio
Tires	Pneŭoj
Tractor	Tractor*
Truck	Kamiono

Visual Arts
Vidaj Artoj

Architecture	Arkitekturo
Artist	Artisto
Ceramics	Ceramiko
Chalk	Kreto
Charcoal	Karbo
Clay	Argilo
Composition	Komponado
Creativity	Kreavo
Easel	Establo
Film	Filmo
Masterpiece	Ĉefverko
Painting	Pentro
Pen	Plumo
Pencil	Krajono
Perspective	Perspektivo
Photograph	Foto
Portrait	Portreto
Sculpture	Skulptaĵo
Stencil	Ŝablona
Wax	Vakso

Water
Akvo

Canal	Kanalo
Drinkable	Trinkeble
Evaporation	Vaporiĝo
Flood	Inundo
Frost	Frosto
Geyser	Gejsero
Humidity	Humideco
Hurricane	Uragano
Ice	Glacio
Irrigation	Irigado
Lake	Lago
Moisture	Humido
Ocean	Oceano
Rain	Pluvo
River	Rivero
Shower	Duŝo
Snow	Neĝo
Steam	Vaporo
Waves	Ondoj

Weather
Vetero

Atmosphere	Atmosfero
Calm	Trankvile
Climate	Klimato
Cloud	Nubo
Drought	Sekeco
Dry	Seka
Flood	Inundo
Fog	Nebulo
Hurricane	Uragano
Ice	Glacio
Lightning	Fulmo
Polar	Polusa
Rainbow	Ĉielarko
Sky	Ĉielo
Storm	Ŝtormo
Temperature	Temperaturo
Thunder	Tondro
Tornado	Tornado
Tropical	Tropika
Wind	Vento

Congratulations

You made it!

We hope you enjoyed this book as much as we enjoyed making it. We do our best to make high quality games.
These puzzles are designed in a clever way for you to learn actively while having fun!

Did you love them?

A Simple Request

Our books exist thanks your reviews. Could you help us by leaving one now?

Here is a short link which will take you to your order review page:

BestBooksActivity.com/Review50

MONSTER CHALLENGE!

Challenge #1

Ready for Your Bonus Game? We use them all the time but they are not so easy to find. Here are **Synonyms**!

Note 5 words you discovered in each of the Puzzles noted below (#21, #36, #76) and try to find 2 synonyms for each word.

Note 5 Words from *Puzzle 21*

Words	Synonym 1	Synonym 2

Note 5 Words from *Puzzle 36*

Words	Synonym 1	Synonym 2

Note 5 Words from *Puzzle 76*

Words	Synonym 1	Synonym 2

Challenge #2

Now that you are warmed-up, note 5 words you discovered in each Puzzle noted below (#9, #17, #25) and try to find 2 antonyms for each word. How many lines can you do in 20 minutes?

Note 5 Words from **Puzzle 9**

Words	Antonym 1	Antonym 2

Note 5 Words from **Puzzle 17**

Words	Antonym 1	Antonym 2

Note 5 Words from **Puzzle 25**

Words	Antonym 1	Antonym 2

Challenge #3

Wonderful, this monster challenge is nothing to you!

Ready for the last one? Choose your 10 favorite words discovered in any of the Puzzles and note them below.

1.	6.
2.	7.
3.	8.
4.	9.
5.	10.

Now, using these words and within a maximum of six sentences, your challenge is to compose a text about a person, animal or place that you love!

Tip: You can use the last blank page of this book as a draft!

Your Writing:

Explore a Unique Store
Set Up **FOR YOU!**

BestActivityBooks.com/**TheStore**

Designed for Entertainment!

Light Up Your Brain With Unique **Gift Ideas**.

Access **Surprising** And **Essential Supplies!**

CHECK OUT OUR MONTHLY SELECTION NOW!

- Expertly Crafted Products -

NOTEBOOK:

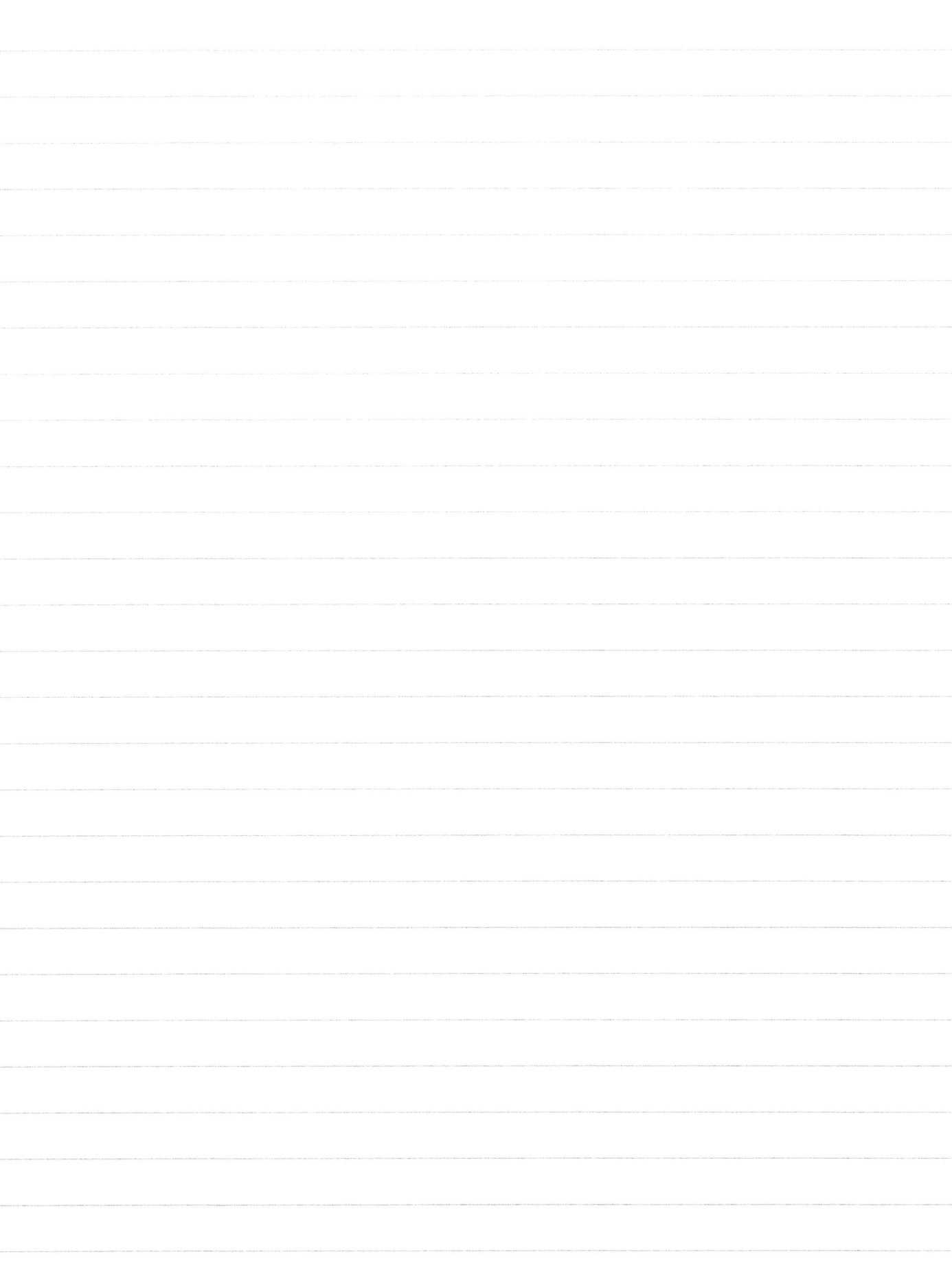

SEE YOU SOON!

Linguas Classics Team

BESTACTIVITYBOOKS.COM/FREEGAMES